NEHEMIAS

Restaurando El Testimonio De Dios

Acuérdate ahora de la palabra que diste a Moisés tu siervo, diciendo: Si vosotros pecareis, yo os dispersaré por los pueblos; pero si os volviereis a mí, y guardareis mis mandamientos, y los pusiereis por obra, aunque vuestra dispersión fuere hasta el extremo de los cielos, de allí os recogeré, y os traeré al lugar que escogí para hacer habitar allí mi nombre.
— Nehemías 1:8-9

NEHEMIAS

Restaurando El Testimonio
De Dios

Stephen Kaung

Christian Fellowship Publishers, Inc.
New York

Libro de bolsillo ISBN: 978-1-68062-103-7
Ebook ISBN: 978-1-68062-107-5

Disponible en los editores en:

11515 Allecingie Parkway
Richmond, Virginia 23235
www.c-f-p.com

*Impreso en los
Estados Unidos de América*

Prefacio

El pueblo de Dios está en esclavitud espiritual hoy y el testimonio de Jesús es casi desconocido. De la misma manera, hace mucho tiempo, los hijos de Israel estaban en cautiverio; la ciudad quedó en ruinas, y su templo fue destruido, y Dios no tenía nombre ni testimonio en la tierra. Él era el Dios del cielo, mas no de la tierra. Pero había un remanente dispuesto a dejar todo atrás y regresar a las ruinas porque querían reconstruir y honrar el nombre de Dios. Querían adorar a Dios, servir a Dios y satisfacer el corazón de Dios.

El llamado presente de Dios a Su pueblo de hoy es salir de la complejidad y la perplejidad del mundo (Babilonia) y volver a la simplicidad que está en Cristo (Jerusalén), reuniéndose, juntos en su nombre. Porque donde están dos o tres congregados en mi nombre, allí estoy yo en medio de ellos (Mateo 18:20). Regresar a Jerusalén para adorarlo, ofrecerle sacrificios espirituales y servirle para que el Señor Jesús vuelva a tener un nombre en la tierra.

Gracias a Dios, un remanente de los hijos de Israel regresó a Jerusalén. A través de grandes dificultades, el templo fue reconstruido. Sin embargo, la restauración completa del testimonio de Dios también implicó la reconstrucción de la ciudad y su muro. Desde el primer regreso del remanente, bajo Zorobabel, para reconstruir el templo, hasta el momento en que Nehemías reconstruyó el muro y puso la ciudad en orden, tomó alrededor de 100 años. Durante este período de restauración del muro, hubo un gran peligro de que todo lo que habían logrado fuera destruido. El muro y la ciudad tuvieron que ser reconstruidos. Entonces la restauración completa estaría lista.

¿Cuál es la preocupación de tu corazón hoy? ¿Es que como vives cómodamente, no te importa el testimonio de Jesús? Es cierto, sí será difícil para aquellos que quieran mantener el testimonio de Jesús. Habrá muchas aflicciones y reproches. Tus hermanos y hermanas ya están al borde de la aniquilación espiritual. ¿Te entregas a la oración por el testimonio del Señor? ¿Le ruegas a Dios en favor de ellos? Si lo haces, creo que la carga del Señor vendrá sobre ti como con Nehemías para regresar y reconstruir el muro y la ciudad. Oh, que el pueblo de Dios se edifique para el testimonio de Jesús y la gloria de Dios.

Contents

El autor entregó esta serie de mensajes en diciembre de 1973, ante un grupo de cristianos en Richmond, Virginia. Los textos de estos mensajes fueron grabados y luego transcritos. Faltaban algunas partes de las grabaciones que se completaron utilizando las notas preparatorias del autor. Estas notas también incluyeron varias pepitas de oro que nunca llegaron a los mensajes pero que ahora se han incluido en este volumen.

Para citar la Biblia se utilizó
la traducción de Reina-Valera, 1960.

1—El Primer Regreso a Jerusalén

Jeremías 25:11—Toda esta tierra será puesta en ruinas y en espanto; y servirán estas naciones al rey de Babilonia setenta años.

Esdras 1:1-4—En el primer año de Ciro rey de Persia, para que se cumpliese la palabra de Jehová por boca de Jeremías, despertó Jehová el espíritu de Ciro rey de Persia, el cual hizo pregonar de palabra y también por escrito por todo su reino, diciendo: Así ha dicho Ciro rey de Persia: Jehová el Dios de los cielos me ha dado todos los reinos de la tierra, y me ha mandado que le edifique casa en Jerusalén, que está en Judá. Quien haya entre vosotros de su pueblo, sea Dios con él, y suba a Jerusalén que está en Judá, y edifique la casa a Jehová Dios de Israel (él es el Dios), la cual está en Jerusalén. Y a todo el que haya quedado, en cualquier lugar donde more, ayúdenle los hombres de su lugar con plata, oro, bienes y ganados, además de ofrendas voluntarias para la casa de Dios, la cual está en Jerusalén.

Debido a la infidelidad de los hijos de Israel, Dios permitió que los babilonios los llevaran cautivos. La ciudad de Jerusalén fue destruida, el templo fue destruido y la gente fue llevada más allá del río Eufrates a Babilonia. Pero después de 70 años, de acuerdo con lo que Dios les había prometido a través de Jeremías, regresaron a Jerusalén.

Antes de que sucedieran estas cosas, Jeremías profetizó que estarían en la tierra del cautiverio durante 70 años. Y también profetizó que después de que se hubieran cumplido estos 70 años, Dios los visitaría y los llevaría de regreso a Jerusalén.

Cuando el rey Ciro llegó al trono, hizo una proclamación que decía que cualquiera del pueblo de Dios ahora puede regresar a Jerusalén y reconstruir el templo. Ciro era un rey gentil, un rey persa. El imperio babilónico en ese momento ya había sido conquistado por el imperio medo-persa, Ciro era el segundo rey en el imperio persa. No conocía a Dios y, sin embargo, emitió tal decreto para cumplir la promesa de Dios a través de su profeta Jeremías. ¿Cómo puede ser esto? En la corte persa en ese momento, había un hombre llamado Daniel, que estaba muy cerca del rey. Daniel había sido llevado cautivo en los primeros días del cautiverio babilónico, y permaneció en cautiverio toda su vida. Por la soberanía de Dios, fue nombrado primer ministro no solo en los días del Imperio de Babilonia sino también durante la época del rey Darío del Imperio Medo-Persa. Lo más probable es que fue a través de Daniel que el rey Ciro fue informado de una profecía de Isaías, escrita más de ciento cincuenta años antes de su nacimiento:

Así dice Jehová, tu Redentor, que te formó desde el vientre: Yo Jehová, que lo hago todo, que extiendo solo los cielos, que extiendo la tierra por mí mismo ... que dice de Ciro: Es mi pastor, y cumplirá todo lo que yo quiero, al decir a Jerusalén: Serás edificada; y al templo:

Serás fundado. Así dice Jehová a su ungido, a Ciro, al cual tomé yo por su mano derecha, para sujetar naciones delante de él y desatar lomos de reyes; para abrir delante de él puertas, y las puertas no se cerrarán: Yo iré delante de ti, y enderezaré los lugares torcidos; quebrantaré puertas de bronce, y cerrojos de hierro haré pedazos; y te daré los tesoros escondidos, y los secretos muy guardados, para que sepas que yo soy Jehová, el Dios de Israel, que te pongo nombre. Por amor de mi siervo Jacob, y de Israel mi escogido, te llamé por tu nombre; te puse sobrenombre, aunque no me conociste. Yo soy Jehová, y ninguno más hay; no hay Dios fuera de mí. Yo te ceñiré, aunque tú no me conociste, para que se sepa desde el nacimiento del sol, y hasta donde se pone, que no hay más que yo; yo Jehová, y ninguno más que yo (44:24, 28; 45:1-6).

Daniel debe haber compartido esta profecía de Isaías con el rey Ciro. Efectivamente, todas las naciones fueron conquistadas por él tal como fue profetizado. Y aunque no conocía a Dios, después de que le dijeron que cientos de años antes Dios ya había profetizado sobre él y le había llamado por su nombre, no pudo evitar tratar de ser el siervo de Dios. Entonces, muy probablemente, debido a esto, él quería hacer la voluntad de Dios. Para mostrar su gratitud y aprecio, proclamó el decreto para construir la casa de Dios.

Quien haya entre vosotros de su pueblo, sea Dios con él, y suba a Jerusalén que está en Judá, y edifique la casa a Jehová Dios de Israel (él es el Dios), la cual está en Jerusalén (Esdras 1:3).

Esta proclamación no vino realmente del rey Ciro, él era solo un instrumento en la mano de Dios, este decreto vino del Dios en el cielo: "Sal de Babilonia, regresa a Jerusalén y reconstruye el templo."

Desafortunadamente, solo un remanente de los hijos de Israel respondió al llamado de Dios de regresar a Jerusalén. El resto no tenía ganas de volver. Estaban tan contentos con sus vidas en la tierra del cautiverio. Habían construido sus casas; habían establecido sus negocios; prosperaron en la tierra extranjera; vivieron cómodamente; tenían sus sinagogas y no les importaba reconstruir el templo para Dios. Solo un remanente regresó, pero por la gracia de Dios, reconstruyeron el templo después de muchos años.

Mencionamos esta historia del Antiguo Testamento porque nos ha sido dada para nuestra advertencia (ver 1 Corintios 10:11). Dios no nos da la historia de Israel solo por una lectura interesante. Tal historia nos es dada porque Dios tiene algo que decirnos hoy. El que tiene oído, oiga lo que el Espíritu dice a las iglesias (Apocalipsis 2:29).

La mayoría de los comentaristas están de acuerdo en que el cristianismo está en cautiverio babilónico. El pueblo de Dios hoy está en cautiverio, pero por la gracia y la misericordia de Dios, hay un llamado a su pueblo: "Salgan de Babilonia. Regresen a Jerusalén. Reconstruyan la casa."

¿Qué es babilonia? La palabra babel significa confusión o balbuceo (por ejemplo, torre de Babel, Génesis 11: 1-9). Hablando espiritualmente, Babilonia representa al mundo. Todo el sistema mundial es un sistema de confusión. Babilonia representa especialmente el aspecto religioso del mundo.

Los hijos de Israel habían sido liberados de Egipto, que representa el mundo tal como es. Por un lado, Egipto tiene granero en abundancia, es rico, tiene todo lo que necesita y todo lo que puede satisfacerlo. Existe la lujuria de los ojos, la lujuria de la carne y el orgullo de la vida que es Egipto (1 Juan 2:16). Pero, por otro lado, Egipto incluye la tiranía de la esclavitud. Ni siquiera hay esperanza de vivir. Eso es lo que es el mundo. Por la gracia de Dios, nos ha liberado del mundo tal como es. Gracias a Dios somos liberados del mundo.

Pero un día, los hijos de Israel fueron exiliados a Babilonia. Habían sido redimidos del mundo pero luego volvieron al mundo. Esta vez no fue Egipto, el mundo en general, sino Babilonia, el mundo religioso. El pueblo de Dios hoy está en cautiverio no sólo para el mundo (Egipto) sino también para el mundo religioso (Babilonia). En qué confusión y complejidad está el pueblo de Dios hoy. La palabra de Dios para su pueblo es: Sal de Babilonia (Apocalipsis 18:4). El llamado no solo tiene un aspecto negativo para salir de Babilonia, sino que también tiene un aspecto positivo para regresar a Jerusalén.

¿Qué es Jerusalén? El nombre de Jerusalén significa la ciudad de la paz. Salem significa paz, y Jeru significa ciudad-es la ciudad de la paz. Ahora, ¿cómo puedes tener paz? Pero la sabiduría de arriba primero es pura, luego pacífica (Santiago 3:17a). La sabiduría que es de arriba es primero pura y luego pacífica. Entonces siento que Jerusalén representa el principio de la simplicidad que hay en Cristo. Oh, qué simple, qué puro, qué pacífico es Cristo. Dios quiere que salgamos de la complejidad y la confusión que hay en el mundo, especialmente en el mundo religioso. Él quiere que regresemos a esa pureza y la simplicidad que hay en Cristo. Esto es lo que Pablo deseaba para los creyentes en Corinto.

Porque os celo con celo de Dios; pues os he desposado con un solo esposo, para presentaros como una virgen pura a Cristo. Pero temo que como la serpiente con su astucia engañó a Eva, vuestros sentidos sean de alguna manera extraviados de la sincera fidelidad a Cristo (2 Corintios 11:2-3).

Hermanos y hermanas, este es el llamado de Dios para que hoy volvamos a la simplicidad que hay en Cristo. ¿Por qué? ¿Por qué volver? No por nuestro propio bien, sino por el amor de Dios.

En lo que respecta a los hijos de Israel, se sentían bastante cómodos en la tierra del cautiverio. No solo prosperaron física o materialmente, sino que también inventaron el sistema de sinagogas. Ahora podían adorar a Dios sin el templo. Eran religiosos. Aunque no fue perfecto y satisfactorio porque sin el templo no podría haber sacrificio, y sin el derramamiento de sangre no hay remisión del pecado, ni salvación, sin embargo, tenían suficiente actividad religiosa para apaciguar su conciencia. Si el pueblo de Dios quisiera vivir para ellos mismos, podrían continuar viviendo en Babilonia toda su vida. Solo aquellas personas que querían vivir para Dios regresarían a Jerusalén. Regresar a Jerusalén era regresar a una ciudad que yacía en ruinas. No había nada allí.

¿Por qué se debe reconstruir el templo? Para que haya un lugar donde se establezca el nombre de Dios. ¿Sabes que durante este tiempo en el Antiguo Testamento, Dios nunca fue llamado el Dios de los cielos y la tierra? Solo fue llamado el Dios de los cielos, pero nunca fue llamado el Dios de los cielos y la tierra. Había perdido la tierra. Los cielos y la tierra le pertenecen como lo escribió Isaías: Jehová dijo así: El cielo es mi trono, y la tierra estrado de mis pies; ¿dónde está la casa que me habréis de edificar, y dónde el lugar de mi reposo? (66:1). Pero durante el período en que los hijos de Dios estaban en cautiverio, Dios no tenía testimonio de sí mismo en esta tierra.

¿Quién se suponía que era el recipiente de su testimonio en esta tierra? Los hijos de Israel. Las naciones no lo conocían. Fueron los hijos de Israel quienes testificaron su nombre. Fue el templo donde se estableció Su nombre. Era Jerusalén, el lugar donde escogió establecer su nombre. Pero ahora los hijos de Israel estaban en cautiverio; la ciudad quedó en ruinas, el templo fue destruido y Dios no tenía nombre ni testimonio en la tierra. Él era el Dios de los cielos, pero no el Dios de los cielos y la tierra.

Pero hubo un remanente dispuesto a dejar todo atrás. Estaban dispuestos a volver a algo insignificante, a las ruinas, porque querían reconstruir el templo. Querían honrar el nombre de Dios. Querían sacrificarse a Dios. Querían adorar a Dios. Querían servir a Dios. Querían satisfacer a Dios. Esa fue la única razón por la que los remanentes regresaron a Jerusalén.

Queridos hermanos y hermanas, el pueblo de Dios hoy está en cautiverio. El testimonio de Jesús es casi desconocido. Y el llamado de Dios a su pueblo es que salga de la complejidad y la perplejidad del mundo. Regrese a la simplicidad que hay en Cristo. Reunirse en su nombre. Porque donde están dos o tres congregados en mi nombre, allí estoy yo en medio de ellos (Mateo, 18: 20). Regresen a Jerusalén para adorarlo, ofrecerle sacrificios espirituales y servirle para que el Señor Jesús tenga un nombre en esta tierra.

Gracias a Dios, este remanente de los hijos de Israel que regresó a Jerusalén. A través de grandes dificultades, el templo fue reconstruido. Sin embargo, la historia de la restauración del testimonio de Dios incluyó no solo la reconstrucción del templo sino también la reconstrucción de la ciudad y su muro. La restauración aún no se había completado por completo a pesar de que habían reconstruido el templo. El muro también tuvo que ser reconstruido, y toda la ciudad restaurada. Entonces la restauración estaría completa. Desde el primer regreso del remanente bajo Zorobabel, hasta el momento en que Nehemías reconstruyó el muro y puso la ciudad en orden, tomó alrededor de 100 años. Y durante este período de restauración del muro, había un gran peligro de que todo lo que habían logrado fuera completamente destruido. El muro y la ciudad tuvieron que ser reconstruidos, y luego la restauración completa estaría lista.

2—La Casa y el Muro

Esdras 1:3—Quien haya entre vosotros de su pueblo, sea Dios con él, y suba a Jerusalén que está en Judá, y edifique la casa a Jehová Dios de Israel (él es el Dios), la cual está en Jerusalén.

Nehemías 2:17-18— Les dije, pues: Vosotros veis el mal en que estamos, que Jerusalén está desierta, y sus puertas consumidas por el fuego; venid, y edifiquemos el muro de Jerusalén, y no estemos más en oprobio. Entonces les declaré cómo la mano de mi Dios había sido buena sobre mí, y asimismo las palabras que el rey me había dicho. Y dijeron: Levantémonos y edifiquemos. Así esforzaron sus manos para bien.

Antes de ir a los detalles en el libro de Nehemías, me gustaría señalar lo que se entiende por la reconstrucción del templo y la reconstrucción del muro de Jerusalén.

La reconstrucción del templo, en un sentido, representa la recuperación de la vida del pueblo de Dios con Dios. El templo es la casa de Dios, y en el templo, se restaura la relación con Dios. Entonces, la reconstrucción del templo es la recuperación de la vida del pueblo de Dios con Dios. Nuestra relación con Dios necesita ser recuperada no sólo individualmente sino también en forma corporativa. Algunas veces nuestra relación personal con Dios necesita ser recuperada. Pero hay algo más grande que nuestra vida personal con Dios: la vida corporativa de la iglesia. La vida corporativa del pueblo de Dios con Dios también necesita ser recuperada. Como templo de Dios, somos "edificados como casa espiritual y sacerdocio santo, para ofrecer sacrificios espirituales aceptables a Dios por medio de Jesucristo" (1 Pedro 2: 5). Esto es más que solo una restauración personal. Es necesario que haya una expresión colectiva para que nuestra vida con Dios se recupere.

Esta recuperación de la casa de Dios debe hacerse primero. Después de eso, hay otra recuperación que debe tener lugar: la reconstrucción del muro. Sin la segunda restauración, la primera restauración puede ser en vano. Sin el muro, el templo estaba expuesto al ataque de los enemigos.

¿Qué representa la recuperación o restauración del muro de Jerusalén? Así como la reconstrucción del *templo* representa la restauración de la vida del pueblo de Dios *con Dios*, también la reconstrucción del *muro* de la ciudad de Jerusalén es la recuperación de la vida del pueblo de Dios *entre sí.*

Reconstruir *el templo* restaura la vida *con Dios.*
Reconstruir *el muro* restaura la vida *el uno con el otro.*

Una ciudad es la congregación de muchas personas que viven juntas como una unidad, como una ciudad. En estos últimos días, Dios está muy preocupado de que Su pueblo sea restaurado a Él, juntos y restaurados el uno al otro. "!Mirad cuán bueno y cuán delicioso es Habitar los hermanos juntos en armonía!" (Salmo 133:1). La reconstrucción del muro representa la unidad. No es solo una vida colectiva con Dios, sino una vida corporativa mutua. A esto lo llamamos vida corporal.

¿Qué es un muro? Cuando Dios creó al hombre por primera vez, plantó un hermoso jardín. Es posible que hayamos visitado muchos hermosos jardines, pero no creo que ninguno se pueda comparar con el jardín del Edén. Todos los árboles que son buenos para mirar y buenos para comer estaban allí (Génesis 2:9). Y Dios puso a un hombre en ese jardín para que lo atendiera (2:15). A veces me pregunto, ¿por qué Dios no construyó un muro alrededor de ese jardín? Si Dios hubiera construido un muro a su alrededor, Satanás nunca tendría la oportunidad de entrar y engañar a Eva. No había muro. ¡Era un hermoso jardín sin paredes! No es de extrañar que el enemigo entró y destruyó a la humanidad en el jardín.

¿Por qué no había una pared física? Porque Dios le dijo al hombre: "Cuídalo, eres el muro." Dios puede plantar un jardín, pero Dios no puede construir su muro solo. ¿Por qué? Porque cuando construye un muro, quiere construirlo con hombres. Adán y Eva debían ser el muro del Jardín del Edén, protegiéndolo contra el enemigo de Dios. Desafortunadamente, no cooperaron con Dios para ser su muro alrededor del jardín. No fueron vigilantes, sino descuidados. El resultado fue que Adán y Eva no solo cayeron en pecado, sino que el jardín también fue fácilmente destruido. Para la humanidad ser el muro fue el diseño original de Dios para el Jardín del Edén. Al final de la Biblia, encontramos el muro de la ciudad santa, la Nueva Jerusalén.

Y me llevó en el Espíritu a un monte grande y alto, y me mostró la gran ciudad santa de Jerusalén, que descendía del cielo, de Dios, teniendo la gloria de Dios. Y su fulgor era semejante al de una piedra preciosísima, como piedra de jaspe, diáfana como el cristal. Tenía un muro grande y alto con doce puertas; y en las puertas, doce ángeles, y nombres inscritos, que son los de las doce tribus de los hijos de Israel; al oriente tres puertas; al norte tres puertas; al sur tres puertas; al occidente tres puertas. Y el muro de la ciudad tenía doce cimientos, y sobre ellos los doce nombres de los doce apóstoles del Cordero El que hablaba conmigo tenía una caña de medir, de oro, para medir la ciudad, sus puertas y su muro. (Apocalipsis 21:10-15).

Oh, hermanos y hermanas, cuando miramos la ciudad santa, la Nueva Jerusalén, ¿qué vemos? Nosotros vemos la pared. Eso es lo primero que nos atrae.

La Nueva Jerusalén también es un jardín como lo fue el Edén. Es una ciudad jardín. ¿Por qué? Porque el árbol de la vida está en todas partes:

En medio de la calle de la ciudad, y a uno y otro lado del río, estaba el árbol de la vida, que produce doce frutos, dando cada mes su fruto; y las hojas del árbol eran para la sanidad de las naciones (Apocalipsis 22:2).

¡Pero la ciudad jardín está amurallada y el muro es muy alto! El muro está construido sobre doce cimientos. ¡Y el muro está hecho de jaspe que brilla como la gloria de Dios! Piensa en eso.

¿Qué es el jaspe? En el capítulo 4 de revelación, Juan vio en una visión la gloria de Dios en el trono, y parecía un jaspe. Esa es la gloria de Dios. ¿Qué es ese muro? ¿Cómo se hace y se construye? Está construido por aquellos que han recibido la vida de Cristo en ellos. Se entregan a Cristo, permiten que el Espíritu Santo trabaje en sus vidas, incorpore, organice a Cristo en ellos. Y a medida que el Espíritu Santo obra pacientemente a Cristo en ellos, el muro comienza a levantarse. Es nuestro conocimiento de Cristo, conocimiento vivo, conocimiento experimental. Es permitir que el Espíritu Santo nos revele a Cristo, y a medida que Cristo se nos revela, Él se incorpora dentro de nosotros. Esto se convierte en ese muro de la ciudad santa, la Nueva Jerusalén.

¿Por qué? Un muro es un separador. Un muro excluye todo lo que está fuera de la ciudad. Un muro incluye a todos los que están dentro de la ciudad. Es la separación. ¿Dónde está la separación del pueblo de Dios del mundo de hoy? No se puede distinguir el mundo y la iglesia hoy; no hay muro! ¡Pero cómo se construye un muro? No construyes un muro estableciendo reglas y regulaciones. No puedes construir un muro diciendo que si eres cristiano, no vas aquí, no vayas, no hagas esto, no hagas eso, no uses esto, no uses eso. Aunque no hagas esto, no hagas eso, no vayas aquí, no vayas allí, no uses esto y no uses eso ¿crees que estás fuera del mundo? No, un día descubrirás que el mundo está en ti. No funciona estar separado por reglas. ¿Dónde está la separación? La separación es el conocimiento vivo de Cristo. Cuanto más conoces a Cristo, más te separas del mundo. ¡Oh, que nuestro muro llegara al cielo!

El muro representa la separación. Y como es separación, también es protección; mantiene intacto todo lo que hay detrás de la pared. Si estamos más separados del mundo, estaremos más unidos en Cristo.

La separación es una condición requerida para la unidad. Puede sonar extraño, puede parecer contradictorio, pero esa es la verdad. No separados uno del otro, sino separados del mundo, eso nos llevará a la unidad. La razón por la cual el pueblo de Dios está tan dividido es que no están separados del mundo. Hay demasiado mundo en el pueblo de Dios.

¡Oh, si tan sólo el mundo fuera excluido y solo Cristo permaneciera! ¿Está dividido Cristo? (1Corintios 1:13a) No. El pueblo de Dios es uno. El muro los une para que puedan morar juntos en la unidad. Los que viven detrás de la pared son uno. ¡Oh, cómo la vida del pueblo de Dios necesita separarse del mundo para que podamos estar unidos en Cristo! Eso es lo que significa el muro.

Vosotros sois la luz del mundo; una ciudad asentada sobre un monte no se puede esconder (Mateo 5:14).

En este país, que yo sepa, no vemos ciudades amuralladas en ningún lado. No he visto ninguna. Pero en China, antes de llegar a una ciudad, lo primero que ves es un muro. Siempre lo recuerdo. Mi casa estaba en Shanghai. Ya no hay un muro en Shanghai, pero estudié en Suzhou, y cada vez que viajaba en el tren para ir a la escuela, lo primero que me llamó la atención fue el muro de la ciudad. Veía la pared y sabía que pronto llegaría.

Un muro también representa un testimonio público. Es cierto que el testimonio de Jesús se basa en nuestra vida con Dios. Si nuestra vida con Dios es correcta, entonces el testimonio de Jesús al mundo debe ser más que eso. El pueblo de Dios debe morar juntos en unidad.

... para que todos sean uno; como tú, Padre,

en mí y yo en ti, que también ellos sean

uno en nosotros, para que el mundo crea

que tú me enviaste (Juan 17:21).

¿Por qué sufre hoy el testimonio de Jesús? ¿Por qué el mundo no puede ver al Señor Jesús? Porque el pueblo de Dios no es uno. El pueblo de Dios está dividido. El pueblo de Dios está en el mundo, y el mundo está en el pueblo de Dios. No hay separación del mundo entre ellos. Y por eso, no hay muro. Y mientras no haya muro, no hay testimonio público.

Queridos hermanos y hermanas, la recuperación no solo debe ser la reconstrucción del templo, sino también la reconstrucción del muro. Oh, nuestra vida con Dios debe ser restaurada como pueblo. Nuevamente, subrayaré esto: nuestra comunión no solo debe ser individualmente. Algunos pueden tener una comunión muy dulce y una vida con Dios individualmente. Pero debe haber una expresión corporativa. Puede que seas una piedra muy viva, pero ¿estás construido con otras piedras vivas para ser una casa? Nuestra vida con Dios debe ser recuperada, es verdad. Y luego nuestra vida con los demás debe ser recuperada. El muro debe ser reconstruido y la ciudad restaurada. Creo que en estos días Dios está ejercitando el corazón de su pueblo en estas dos áreas: la casa y el muro.

3—La Carga de Nehemías

Nehemías 1:1-11— Palabras de Nehemías hijo de Hacalías.

Aconteció en el mes de Quisleu, en el año veinte, estando yo en Susa, capital del reino, que vino Hanani, uno de mis hermanos, con algunos varones de Judá, y les pregunté por los judíos que habían escapado, que habían quedado de la cautividad, y por Jerusalén. Y me dijeron: El remanente, los que quedaron de la cautividad, allí en la provincia, están en gran mal y afrenta, y el muro de Jerusalén derribado, y sus puertas quemadas a fuego. Cuando oí estas palabras me senté y lloré, e hice duelo por algunos días, y ayuné y oré delante del Dios de los cielos. Y dije: Te ruego, oh Jehová, Dios de los cielos, fuerte, grande y temible, que guarda el pacto y la misericordia a los que le aman y guardan sus mandamientos; esté ahora atento tu oído y abiertos tus ojos para oír la oración de tu siervo, que hago ahora delante de ti día y noche, por los hijos de Israel tus siervos; y confieso los pecados de los hijos de Israel que hemos cometido contra ti; sí, yo y la casa de mi padre hemos pecado. En extremo nos hemos corrompido contra ti, y no hemos guardado los mandamientos, estatutos y preceptos que diste a Moisés tu siervo. Acuérdate ahora de la palabra que diste a Moisés tu siervo, diciendo: Si vosotros pecareis, yo os dispersaré por los pueblos; pero si os volviereis a mí, y guardareis mis mandamientos, y los pusiereis por obra, aunque vuestra dispersión fuere hasta el extremo de los cielos, de allí os recogeré, y os traeré al lugar que escogí para hacer habitar allí mi nombre. Ellos, pues, son tus siervos y tu pueblo, los cuales redimiste con tu gran poder, y con tu mano poderosa. Te ruego, oh Jehová, esté ahora atento tu oído a la oración de tu siervo, y a la oración de tus siervos, quienes desean reverenciar tu nombre; concede ahora buen éxito a tu siervo, y dale gracia delante de aquel varón. Porque yo servía de copero al rey.

Al abrir el libro de Nehemías, el momento de su historia es de alrededor de 80 años o 75 años después del primer regreso del remanente de Israel bajo Zorobabel. Nehemías fue el copero del rey, quien en la historia secular es conocido como Artajerjes Longimano. Hoy podemos pensar que un copero es un simple camarero. Pero en aquellos días, un copero era uno de los más altos oficiales de la corte. ¿Por qué? Los reyes en esos tiempos eran tiranos, y los tiranos siempre temían que la gente los matara envenenándolos. Entonces, antes de que bebieran de la copa, el copero primero la bebería y luego se la daría al rey. Debía haber tanta cercanía entre el copero y el rey. El copero era el confidente del rey, un amigo cercano del rey. El rey confiaba su vida al copero, y el copero estaba dispuesto a renunciar a su vida por el rey. Si había algún veneno en la copa, entonces moriría por el rey. Entonces debe haber una relación tan íntima entre el rey y el copero. Debe haber sido un amigo de confianza, un amigo íntimo del rey.

La corte persa en ese momento era la más alta del mundo debido al imperio persa. Estar en la corte persa y ocupar una posición tan alta casi al lado del rey significaba que vivía una vida de conforto y lujo. Aunque era judío, no le faltaba nada. Pero su corazón estaba en Jerusalén. Si fuera libre de regresar, estaría en Jerusalén al igual que su hermano Hanani. Pero no podía ir a Jerusalén ya que era el copero. Cuando quiso regresar, tuvo que obtener el permiso del rey para ir. Nehemías no pudo ir, pero su corazón estaba allí. Estaba preocupado por las condiciones del remanente allí. El era como Daniel. Aunque Daniel estaba en Babilonia, su corazón estaba en Jerusalén. Todos los días abría la ventana hacia Jerusalén y oraba tres veces al día.

Queridos hermanos y hermanas, ¿dónde está su corazón? Es posible que haya sido colocado providencialmente en un lugar diferente a una Jerusalén espiritual, pero ¿dónde está su corazón? Estar donde Dios quiere que estés, estar donde deberías estar, estar en Jerusalén espiritualmente para el testimonio de Dios, este es el lugar donde cada fiel debe estar.

Y les pregunté por los judíos que habían escapado, que habían quedado de la cautividad, y por Jerusalén. Y me dijeron: El remanente, los que quedaron de la cautividad, allí en la provincia, están en gran mal y afrenta, y el muro de Jerusalén derribado, y sus puertas quemadas a fuego (1:2b- 3).

Su hermano Hanani y algunos otros regresaron de una visita a Jerusalén. Y trajeron noticias a Nehemías. Nehemías estaba ansioso por escuchar la noticia: ¿Qué pasó con los que permanecieron en Jerusalén? Recuerda que el templo había sido construido 50 o 55 años antes. Pero ellos estaban en tal aflicción y reproche porque la ciudad estaba en ruinas.

No había muro; las puertas fueron quemadas; no había protección. Los enemigos los rodearon. Había un templo y, sin embargo, estaba expuesto.

Muchos de los que originalmente regresaron ahora probablemente habían vuelto a Babilonia debido al peligro. Si lees detenidamente, dice, "aquellos que escaparon y permanecieron." Al principio, un remanente fue a Jerusalén para estar donde Dios quería que estuvieran. Luego, cuando se hizo tan difícil y se desanimaron tanto, empacaron y regresaron. Pero gracias a Dios todavía quedaban algunos. Fue difícil. Estaban en gran aflicción y reproche. Pero ellos aguantaron. Rodearon el templo. Se negaron a irse. No tenían a dónde ir. Estaban donde deberían estar. ¿A dónde más podrían ir? Pero estaban en grandes dificultades, en mucha aflicción y reproche. No había protección para ellos. Podrían ser aniquilados en cualquier momento.

Cuando Nehemías escuchó esto, se sentó y lloró. Oró, ayunó durante días y noches. Estaba muy preocupado. El fue al Señor. A pesar de estar en la corte persa, bien protegido y el favorito del rey, no podía olvidar a sus hermanos.

No, su corazón estaba allí en Jerusalén. Oh, él era igual que Moisés. Cuando Moisés creció, se negó a ser llamado hijo de la hija de Faraón. Prefirió sufrir junto con sus hermanos. Consideraba los reproches de Cristo como más preciosos que todas las riquezas de Egipto porque había visto lo invisible (Hebreos 11:24-27). Así también era Nehemías. No se colocó en una posición diferente a la de sus hermanos. Su corazón era uno con el sufrimiento del resto. Él confesó su pecado y el pecado de su padre. Él confesó por todo Israel. Le rogó a Dios, y cuando le rogó a Dios, el llamado de Dios vino a él, "regresa y reconstruye el muro."

Hermanos y hermanas, ¿cuál es la preocupación de su corazón hoy? ¿Es que como vives cómodamente, no te importa el testimonio de Jesús? Es cierto, que será difícil para aquellos que quieran mantener el testimonio de Jesús. Hay muchas aflicciones y reproches. Están al borde de la aniquilación espiritual. ¿Te entregas a la oración? ¿Le ruegas a Dios en su nombre? Si lo haces, creo que la carga del Señor vendrá sobre ti como con Nehemías para regresar y reconstruir el muro. La vida del pueblo de Dios juntos necesita ser reconstruida, que es el testimonio, el muro espiritual de la ciudad.

Nehemías recibió una carga del Señor, y él oró, "Señor, déjame ser encontrado a favor de ese hombre".

Y "ese hombre" era el rey. Recuerda que el rey no es más que un hombre. Nehemías sabía que Dios lo llamó para que volviera a reconstruir el muro, pero no se movió por sí sólo. El esperó a Dios por varios meses.

A veces, si sentimos que hemos recibido alguna misión de Dios, inmediatamente empezamos a hacer algo. Ah, pero si conocemos a Dios, no lo haremos. Nehemías esperó a Dios pacientemente. Todos los días la carga se hizo más pesada. Tal vez después de unos meses, si no tienes fe, te preguntarás si alguna vez irás. Y durante todos esos meses cuando sirvió la copa ante el rey, tuvo que poner una cara alegre. Su corazón estaba llorando, pero debía sonreír. Intentó no mostrar su pena y su carga hasta que pasaron algunos meses. Entonces, un día, en el vigésimo año del rey Artajerjes, mientras levantaba la copa, el rey notó que su rostro estaba triste.

El rey dijo: "¿Por qué está triste tu rostro? Debe haber algo que te preocupe." Nehemías tenía miedo porque nadie puede aparecer ante el rey con una cara triste, especialmente el copero. ¿Por qué? Si el copero apareciera ante el rey con una cara triste, entonces el rey inmediatamente sospecharía. Fue un crimen capital. Pero Nehemías no pudo evitarlo. Después de unos meses, ya no podía contenerse. Entonces levantó su corazón hacia Dios antes de responder al rey. Dios escuchó su oración y le dio esta oportunidad. Nehemías dijo: "Oh rey, ¿cómo podría estar feliz mientras la ciudad, el lugar de los sepulcros de mis padres están en ruinas?" El rey dijo: "¿Qué quieres?" "Déjame volver, reconstruir la ciudad, reconstruir el muro." El rey dijo: "¿Cuánto tiempo estarás lejos? ¿Y cuándo volverás?" Le dio un tiempo establecido, y le agradó al rey enviarlo. La buena mano de su Dios estaba sobre él. Y el rey lo dejó ir.

¡Cómo necesitamos esperar en el Señor! Si esperamos en el Señor, Él nos abrirá el camino para reconstruir el muro de la unidad de los hermanos juntos.

4—El Gran Plan de Dios

Nehemias 2:1a, 5, 8b—Sucedió en el mes de Nisán, en el año veinte del rey Artajerjes ... y dije al rey: Si le place al rey, y tu siervo ha hallado gracia delante de ti, envíame a Judá, a la ciudad de los sepulcros de mis padres, y la reedificaré ... Y me lo concedió el rey, según la benéfica mano de mi Dios sobre mí.

Artajerjes Longimano dio el decreto real de reconstruir el muro de Jerusalén en su vigésimo año de reinado. Permitió que Nehemías regresara a Jerusalén para construir el muro, y hizo de Nehemías el gobernador de Judea. Este incidente en la historia es de enorme importancia.

Exteriormente era solo el permiso de un rey para reconstruir la ciudad de Jerusalén. Pero en realidad, estaba conectado al plan divino de restauración para la nación de Israel. Nehemías solo estaba preocupado por la necesidad inmediata del remanente que había escapado de Babilonia. Todo lo que quería era regresar y reconstruir la ciudad. Pero sin que él lo supiera, esto marcó el comienzo de un plan mucho mayor de Dios con respecto a su pueblo.

En el libro de Daniel, encontramos una experiencia similar a la de Nehemías, donde había algo más grande en el plan de Dios que su necesidad específica. La profecía que recibió también está relacionada con el regreso de Nehemías para reconstruir la ciudad.

En el año primero de Darío hijo de Asuero, de la nación de los medos, que vino a ser rey sobre el reino de los caldeos, en el año primero de su reinado, yo Daniel miré atentamente en los libros el número de los años de que habló Jehová al profeta Jeremías, que habían de cumplirse las desolaciones de Jerusalén en setenta años. Y volví mi rostro a Dios el Señor, buscándole en oración y ruego, en ayuno, cilicio y ceniza. Y oré a Jehová mi Dios e hice confesión diciendo: Ahora, Señor, Dios grande, digno de ser temido, que guardas el pacto y la misericordia con los que te aman y guardan tus mandamientos (Daniel 9:1-4).

En el tiempo del primer año del rey Darío, Daniel percibió por el libro de Jeremías que los setenta años estaban a punto de cumplirse. Dario permaneció en el trono por solo dos años. Después de dos años de esta oración de Daniel, el rey Ciro vendría al trono, y los setenta años se cumplirían. Entonces, cuando Daniel leyó del libro de Jeremías que solo quedaban dos años de esos setenta años, ¿qué hizo? ¿Se sentó y dijo: Señor, sólo dos años? No, él cooperó activamente con Dios. Se entregó a la oración para que se cumpliera la promesa de Dios. Y mientras oraba durante la ofrenda de la tarde, Dios le envió a Gabriel.

Al principio de tus ruegos fue dada la orden, y yo he venido para enseñártela, porque tú eres muy amado. Setenta semanas están determinadas sobre tu pueblo y sobre tu santa ciudad, para terminar la prevaricación, y poner fin al pecado, y expiar la iniquidad, para traer la justicia perdurable, y sellar la visión y la profecía, y ungir al Santo de los santos. Sabe, pues, y entiende, que desde la salida de la orden para restaurar y edificar a Jerusalén hasta el Mesías Príncipe, habrá siete semanas, y sesenta y dos semanas; se volverá a edificar la plaza y el muro en tiempos angustiosos. Y después de las sesenta y dos semanas se quitará la vida al Mesías, mas no por sí; y el pueblo de un príncipe que ha de venir destruirá la ciudad y el santuario; y su fin será con inundación, y hasta el fin de la guerra durarán las devastaciones. Y por otra semana confirmará el pacto con muchos; a la mitad de la semana hará cesar el sacrificio y la ofrenda. Después con la muchedumbre de las abominaciones vendrá el desolador, hasta que venga la consumación, y lo que está determinado se derrame sobre el desolador (Daniel 9:23-27).

Recuerde que a Daniel solo le preocupaba el regreso de los hijos de Israel a Jerusalén. El cumplimiento de la promesa de setenta años. Pero cuando Dios le dio la visión, le dio una visión de todo el plan para la restauración completa y final de la nación de Israel. No fue solo para traerlos de vuelta a la tierra sino también para purificarlos de sus pecados y "traer la justicia perdurable" y "sellar la visión y el profeta." En otras palabras, Dios llevará a la nación de Israel a su restauración final y total.

Esta profecía de las setenta semanas o setenta sietes va mucho más allá de la restauración inmediata y temporal de Israel. Es el plan perfecto y completo de

Dios llevar a Israel a su destino completo bajo el Mesías venidero. Y este plan divino comenzó con el decreto real para reconstruir el muro y la ciudad. "Desde la salida de la orden para restaurar y construir Jerusalén." Desde esta fecha, de acuerdo a la profecía, hasta la muerte del Mesías en su crucifixión hay 62 sietes, es decir, 434 años.

Luego, según la historia, si comienzas en el vigésimo año de Artajerjes Longimanus y cuentas 434 años, llegas al año en que nuestro Señor fue crucificado. Así que puedes ver cómo este decreto fue de enorme importancia en la historia. Nehemías probablemente solo estaba preocupado por la reconstrucción de la muralla de la ciudad, pero sin saberlo, fue utilizado por Dios para comenzar el plan divino para la restauración completa de Israel.

¿Este principio no es cierto para los cristianos? A veces estamos cargados de algo, y por la gracia de Dios, podemos hacerlo. Nuestra preocupación suele ser inmediata y limitada. Pero sin que lo sepamos, Dios está haciendo algo mucho más grande de lo que podemos imaginar. Lo que hacemos se convierte en parte del vasto plan de Dios. ¡Qué motivados y cuán agradecidos debemos ser con Dios!

5—El Conflicto

Nehemías 2:8b—Y me lo concedió el rey, según la benéfica mano de mi Dios sobre mí.

Como dijimos antes, la historia de los hijos de Israel ha sido registrada en la Biblia para nuestra advertencia (1 Corintios 10:11). Lo que Dios hizo con ellos, en ellos y a través de ellos, son lecciones para nosotros. En la gran misericordia de Dios, permitió que aquellos que estaban en cautiverio regresaran a Jerusalén para reconstruir el templo y también para reconstruir el muro de esa ciudad. Aunque esto cubrió un largo período de aproximadamente cien años, a través de Su misericordia, restauraron el testimonio de Dios en la tierra. A menudo, cuando pensamos en la restauración del testimonio de Dios, pensamos sólo en términos de la reconstrucción del templo. Aunque la reconstrucción del templo fue necesaria, no fue la restauración completa. El testimonio de Dios en ese período no sería completamente restaurado hasta que el muro y la ciudad fueran reconstruidos.

Si aplicamos esto espiritualmente a nuestra situación hoy, sabemos que Dios está haciendo el trabajo de recuperación. Es la recuperación del testimonio de Jesús en la tierra. Es por eso que el pueblo de Dios debe salir de Babilonia, que es confusión religiosa, y regresar a Jerusalén, que representa la simplicidad que hay en Cristo. Dos cosas deben ser restauradas entre el pueblo de Dios. Una es la vida del pueblo de Dios con Dios representada por la reconstrucción del templo. El templo era la casa de Dios, y el nombre de Dios se estableció sobre esa casa. Dios debía ser adorado y servido en esa casa. Entonces, por un lado, la vida del pueblo de Dios con Dios debe ser restaurada. El nombre del Señor Jesús entre los suyos debe ser restaurado. Y debe ser adorado y servido por un pueblo como lo fue en el tiempo de David. Pero ese es solo un lado de esta recuperación.

Hay otro lado que debe ser restaurado, y es la reconstrucción del muro y la ciudad de Jerusalén. En la aplicación espiritual, esto representa la restauración de la vida del pueblo de Dios unos con otros. ¿Por qué? Porque la vida en la ciudad representa la vivienda de un pueblo en unidad. Los que habitan detrás del muro de la ciudad forman una unidad, por así decirlo. Y con ese tipo de vida, presentan un testimonio público al mundo.

Entonces, hermanos y hermanas, no sólo nuestra vida con Dios debe ser restaurada como pueblo, sino que nuestra vida con los demás también debe ser restaurada. Entonces tendremos un testimonio público a los ojos del mundo. Nuestro Señor Jesús oró de esta manera en Juan 17:

... para que todos sean uno; como tú, oh Padre, en mí, y yo en ti, que también ellos sean uno en nosotros; para que el mundo crea que tú me enviaste (v.21).

El Señor Jesús oró para que seamos uno como Él y el Padre lo son, para que el mundo sepa que Dios lo ha enviado. La vida del pueblo de Dios juntos, viviendo juntos, edificados juntos, como un solo cuerpo, en unidad, es algo que debe recuperarse. Y ese es el significado de la construcción del muro.

Hoy el muro yace en ruinas con muchas brechas. No hay puertas. Todo está abierto, disperso, expuesto, sin separación, sin protección, sin unidad y sin testimonio. Esa es la condición del pueblo de Dios hoy. ¡Oh, cómo necesitamos personas como Nehemías que estén preocupadas, que sientan la carga, que estén dispuestas a entregarse a la oración! Necesitamos a aquellos que estén dispuestos a entregarse a este único propósito: la reconstrucción del muro de Jerusalén, ese muro espiritual de la iglesia hoy.

Esto es lo que hemos tenido en comunión hasta ahora desde Nehemías 1:1-2:8. Y "de acuerdo con la buena mano" del Señor, el rey concedió permiso a Nehemías para regresar a Jerusalén. Ahora veremos el resto del capítulo 2:

Vine luego a los gobernadores del otro lado del río, y les di las cartas del rey. Y el rey envió conmigo capitanes del ejército y gente de a caballo. Pero oyéndolo Sanbalat horonita y Tobías el siervo amonita, les disgustó en extremo que viniese alguno para procurar el bien de los hijos de Israel.

Llegué, pues, a Jerusalén, y después de estar allí tres días, me levanté de noche, yo y unos pocos varones conmigo, y no declaré a hombre alguno lo que Dios había puesto en mi corazón que hiciese en Jerusalén; ni había cabalgadura conmigo, excepto la única en que yo cabalgaba. Y salí de noche por la puerta del Valle hacia la fuente del Dragón y a la puerta del Muladar; y observé los muros de Jerusalén que estaban derribados, y sus puertas que estaban consumidas por el fuego. Pasé luego a la puerta de la Fuente, y al estanque del Rey; pero no había lugar por donde pasase la cabalgadura en que iba. Y subí de noche por el torrente y observé el muro, y di la vuelta y entré por la puerta del Valle, y me volví. Y no sabían los oficiales a dónde yo había ido, ni qué había hecho; ni hasta entonces lo había declarado yo a los judíos y sacerdotes, ni a los nobles y oficiales, ni a los demás que hacían la obra.

Les dije, pues: Vosotros veis el mal en que estamos, que Jerusalén está desierta, y sus puertas consumidas por el fuego; venid, y edifiquemos el muro de Jerusalén, y no estemos más en oprobio. Entonces les declaré cómo la mano de mi Dios había sido buena sobre mí, y asimismo las palabras que el rey me había dicho. Y dijeron: Levantémonos y edifiquemos. Así esforzaron sus manos para bien. Pero cuando lo oyeron Sanbalat horonita, Tobías el siervo amonita, y Gesem el árabe, hicieron escarnio de nosotros, y nos despreciaron, diciendo: ¿Qué es esto que hacéis vosotros? ¿Os rebeláis contra el rey? Y en respuesta les dije: El Dios de los cielos, él nos prosperará, y nosotros sus siervos nos levantaremos y edificaremos, porque vosotros no tenéis parte ni derecho ni memoria en Jerusalén (vv. 9-20).

Aunque la buena mano del Señor estaba con él, cuando Nehemías regresó a Jerusalén, inmediatamente se encontró con la oposición. ¿Por qué? Debido a que Sanbalat el Horonita y Tobías el sirviente, el Amonita, escucharon que alguien regresó a Jerusalén para buscar el bienestar del remanente. Estaban enojados por esto.

Ahora, ¿quién era Sanbalat? Sanbalat era un Horonita, lo que significa que era un moabita (ver Horonaim en Isaías 15: 5 y Bet-horón en Josué 16: 3,5). y quien era Tobias? Se llama Tobías el sirviente [esclavo], el Amonita. Tobias es un nombre judío, pero afirma que era un esclavo. También fue descrito como un Amonita. Tobias era Judío, y su hijo se casó con la hija de un sacerdote (véase Nehemiah 6:18). En otras palabras, el *fue* Judío, pero de alguna manera se vendió a sí mismo como esclavo. Probablemente un esclavo de un Amonita. Y se degrado tanto moral y espiritualmente que fue un renegado hasta tal punto que se convirtió en un Amonita.

Así que aquí tenemos a Sanbalat, el Moabita, y a Tobias, un Judío que estaba tan degradado que, literalmente, se convirtió en Amonita. Estos fueron los enemigos de Nehemías. Los Moabitas y los

Amonitas vinieron de Lot. Lot había caído espiritualmente. En su caída fue rescatado de la ciudad de Sodoma. Luego, después de que los ángeles del Señor lo sacaron a él y a sus dos hijas de Sodoma, sucedió algo terrible. De esa terrible experiencia, tienes a los Amonitas y a los Moabitas (ver Génesis 19: 30-38). Entonces los Amonitas y los Moabitas en la Escritura siempre representan la carne.

Para poner esto en términos del Nuevo Testamento, Lot era un creyente, no un incrédulo. La Biblia incluso dice, el justo Lot (2 Pedro 2:7). Aunque era un creyente, todavía amaba al mundo, y el resultado fue la carne (es decir, los Moabitas y los Amonitas).

Entonces, aquí en Nehemías, encontramos que la carne (representada por Sanbalat Moabita y Tobías Amonita) tenía miedo del espíritu (representada por Nehemías y el remanente de Israel). Es el deseo de la carne que el espíritu sea débil.

Sanbalat, el Moabita, y Tobías, el Amonita, tenían miedo de cualquiera que buscaba el bienestar del remanente de los israelitas que habían sufrido o los hiciera más fuertes. Preferían ver al remanente Judío en una situación muy débil, porque cuando los israelitas eran débiles, entonces los Moabitas y Amonitas eran fuertes. Cada vez que la condición del remanente Judío se fortalecía, los Moabitas y los Amonitas perdían el control. Por lo tanto, Sanbalat y Tobias deseaban ver que el remanente Judío siempre fuera débil. "Pueden tener el templo, pero no el muro. No pueden tenerlo". Sin el muro, podrían entrar a la ciudad en cualquier momento. Podrían hacer lo que quisieran con el remanente, incluso mientras adoraban en el templo. Por lo tanto, cuando oyeron que Nehemías había regresado para buscar el bienestar del remanente que fue despreciado, se enojaron mucho.

Hermanos y hermanas, aplicando esto de manera general, la carne dentro de nosotros y la carne que nos rodea, siempre temen que el espíritu se fortalezca. Cualquier cosa que fortalezca nuestro espíritu es algo que la carne odia.

> Digo, pues: Andad en el Espíritu, y no satisfagáis los deseos de la carne. Porque el deseo de la carne es contra el Espíritu, y el del Espíritu es contra la carne; y éstos se oponen entre sí, para que no hagáis lo que quisiereis (Gálatas 5:16-17).

El Espíritu lucha contra la carne, y la carne lucha contra el Espíritu. Se oponen entre ellos porque ambos no pueden ser fuertes. Cuando la carne es fuerte, el espíritu es débil. Cuando el espíritu es fuerte, la carne es débil. Hay un conflicto directo. Tan pronto como Nehemías regresó a Jerusalén, comenzó el conflicto, y luego el conflicto continuó.

Hermanos y hermanas, cada vez que nuestro espíritu se ve movido por el Señor por algo que cumplirá el propósito de Dios, la carne dentro de nosotros y la carne que nos rodea comenzará a luchar.

La carne intentará suprimir el espíritu para detener el trabajo.

Por lo tanto, siempre hay conflicto. Cualquier cosa que sea de Dios, cualquier cosa que busque el bienestar del remanente que ha escapado, cualquier cosa que tiende a construir la unidad entre el pueblo de Dios, cualquier cosa que intente cumplir el propósito de Dios, entrará en conflicto con la carne. No pienses que es una cosa suave y fácil hacer la voluntad de Dios. No, no solo la carne que te rodea, sino que incluso la carne dentro de ti se levantará y se esforzará por suprimirla. Digo, pues: Andad en el Espíritu, y no satisfagáis los deseos de la carne (Gálatas 5:16).

Este conflicto es la primera experiencia encontrada en la reconstrucción del muro. Antes de que Nehemías hiciera algo, inmediatamente después de su regreso, comenzó el conflicto.

6—Liderazgo Espiritual

Nehemías 2:11-18— Llegué, pues, a Jerusalén, y después de estar allí tres días, me levanté de noche, yo y unos pocos varones conmigo, y no declaré a hombre alguno lo que Dios había puesto en mi corazón que hiciese en Jerusalén; ni había cabalgadura conmigo, excepto la única en que yo cabalgaba. Y salí de noche por la puerta del Valle hacia la fuente del Dragón y a la puerta del Muladar; y observé los muros de Jerusalén que estaban derribados, y sus puertas que estaban consumidas por el fuego. Pasé luego a la puerta de la Fuente, y al estanque del Rey; pero no había lugar por donde pasase la cabalgadura en que iba. Y subí de noche por el torrente y observé el muro, y di la vuelta y entré por la puerta del Valle, y me volví. Y no sabían los oficiales a dónde yo había ido, ni qué había hecho; ni hasta entonces lo había declarado yo a los judíos y sacerdotes, ni a los nobles y oficiales, ni a los demás que hacían la obra.

Les dije, pues: Vosotros veis el mal en que estamos, que Jerusalén está desierta, y sus puertas consumidas por el fuego; venid, y edifiquemos el muro de Jerusalén, y no estemos más en oprobio. Entonces les declaré cómo la mano de mi Dios había sido buena sobre mí, y asimismo las palabras que el rey me había dicho. Y dijeron: Levantémonos y edifiquemos. Así esforzaron sus manos para bien

Durante tres días, Nehemías no hizo nada. Luego, en la tercera noche, se levantó en secreto. Con solo unos pocos seguidores, salieron en la noche sin decirle a nadie. No les dijo a los judíos, ni siquiera a los sacerdotes o gobernantes, a los príncipes. No le dijo a nadie lo que estaba haciendo. Salió a ver las condiciones del muro y medirlo.

Hermanos y hermanas, en la noche, al ver las ruinas del muro, debe haber estado desolado. Estaba tan desolado. Fue muy desalentador ver todas las brechas allí, las paredes en ruinas y las puertas quemadas, pero atravesó toda la zona para verlo. No le dijo a nadie lo que Dios había puesto en su corazón; él lo hizo solo.

Después de la experiencia del conflicto inicial, esta es la segunda experiencia que tiene para emprender la reconstrucción del muro. ¿Qué significa esta experiencia? Nehemías escuchó de su hermano Hananías y otros que regresaron de Jerusalén. Se enteró de la aflicción, del reproche, de los muros en ruinas, de las puertas quemadas. Y más o menos tú has escuchado los informes de la ruina de la ciudad- el testimonio de la iglesia en nuestro tiempo. Todos los que hoy están preocupados por las condiciones del pueblo de Dios, han escuchado estas cosas. No es nada extraño. Todos los que tienen un corazón y una pequeña preocupación por la condición del pueblo de Dios seguramente han escuchado que estamos dispersos, divididos, sin separación, sin muro y sin protección. Estamos expuestos a los ataques del enemigo. Somos débiles y todos lo saben.

Pero existe una diferencia entre conocer las condiciones y medirlas en silencio durante la noche. Todos sabemos que el pueblo de Dios hoy no está unido entre sí, y esto no es normal. Todos lo sabemos y probablemente hablamos al respecto. Y el problema es que hablamos demasiado.

Nehemías no dijo nada. No habló sobre las condiciones. Si estás agobiado, no puedes hablar. Si puedes hablar tan libremente- o puedo decirlo de esta manera, si puedes cotillear o chismear sobre eso- no estás profundamente agobiado. Nehemías no le dijo nada a nadie durante tres días; solo por la noche salió a ver las ruinas. Mientras veía las ruinas, Dios comenzó a formar en él un plan para la reconstrucción del muro.

¿Qué significa para nosotros hoy? De una manera muy general, todos saben que el pueblo de Dios no es lo que debería ser. Todos lo saben, y muchos están hablando de eso. Sin embargo, no se hace nada al respecto. Lo que debe suceder es, sin hablar con nadie, en el secreto de la noche, ir al Señor. Traiga las condiciones del pueblo de Dios ante Él y busque saber qué quiere hacer. Eso es lo que necesitamos. Terminaremos viendo una imagen aún más desolada de lo que hemos escuchado. Verlo y escucharlo son diferentes.

Viendo la ciudad en ruinas, en la noche bajo la luz de la luna, es aterrador. Pero hermanos y hermanas, al llevar al pueblo de Dios ante Él en oración, y si no hablamos con nadie, sino que solo vamos al Señor, llevando las condiciones de Su pueblo ante Él, veremos que está más desolado de lo que hemos escuchado.

Y, sin embargo, al mismo tiempo, Dios nos dará un plan sobre cómo llenar las brechas. El discernimiento es necesario para el ministerio. Si no vemos, no podemos ayudar. Necesitamos discernimiento. Necesitamos ver una situación y superarla. El problema hoy es que hay una falta de discernimiento espiritual entre el pueblo de Dios. Aunque decimos que lo hemos visto, en realidad sólo hemos escuchado al respecto, eso es todo. No lo hemos visto. ¡Cómo necesitamos ir ante el Señor y ver todo a través de los ojos de Dios!

Y lo que ves te matará, pero gracias a Dios que como lo has visto delante de Dios, puedes ministrar a la necesidad. El discernimiento espiritual es el primer paso para el ministerio espiritual. Nuevamente quiero decir que el discernimiento no es la base de la comunión, pero el discernimiento es la base del ministerio. Si basamos la comunión en el discernimiento, se romperá la comunión.

Supongamos que Dios te ha mostrado algo más que tus hermanos, e intentas basar tu comunión con tus hermanos en lo que Dios te ha mostrado; no tendrás comunión. La comunión se basa en la vida y en el amor. Pero el discernimiento es necesario, no para criticar a tus hermanos y hermanas, sino para ministrar a tus hermanos y hermanas. Y eso es lo que hizo Nehemías. Tenía que saber exactamente dónde estaban las brechas. Tenía que saber exactamente dónde estaban ubicadas las puertas que se quemaron. Tenía que conocer cada situación tal como era. No tenía que ignorar la realidad. Desnudo, tenía que ver estas cosas. Y cuando las vio, Dios le mostró qué hacer.

Hermanos y hermanas, lo que necesitamos hoy son personas que tengan visión y discernimiento. Necesitamos tener una visión de lo que Dios quiere hacer, y necesitamos discernir para ver lo que realmente está sucediendo. Esto es muy deficiente hoy. Están sucediendo muchas cosas buenas. Pero cuando llegas a la raíz de ellas, descubres que todo está en la superficie y hay una falta de visión: la visión de la pared. No solo hay una falta de visión, sino también una falta de discernimiento de las brechas de la pared. Estas dos cosas no son contradictorias, son una. Por un lado, necesitamos ver el propósito de Dios, por otro lado, debemos estar familiarizados con la situación real en la tierra. Estas dos cosas crearán en nosotros una obra que es de Dios. Y así es como Nehemías comenzó el trabajo.

Luego, a la mañana siguiente, Nehemías reunió a los príncipes, los gobernantes, los levitas, el remanente y todo el pueblo. Los reunió y comenzó a compartir su carga con ellos. Él les dijo: " Ves que la ciudad está en ruinas, porque vives aquí, lo sabes, pero no se hace nada. Todos se quejan pero no se hace nada. Reconstruyamos el muro". Y él les habló de cómo la buena mano del Señor estaba con él. Después de alentarlos, todos dijeron: "¡Levantémonos y construyamos!" Entonces comenzaron a construir.

Hermanos y hermanas, este es el liderazgo espiritual. ¿Qué es el liderazgo? Un líder es aquel que ha visto algo primero, a quien se le ha dado una carga del Señor primero, luego, después de haber visto y recibido la carga, la comparte con otros. No será quien lo haga todo. Eso no es liderazgo espiritual. Un líder espiritual, por un lado, ve primero, pero por otro lado, puede compartir lo que ha visto con el pueblo de Dios y llevarlos a hacer el trabajo juntos. Este es liderazgo espiritual. Algunas personas sólo pueden hacer cosas por sí mismas. Eso no es liderazgo. El liderazgo es la capacidad de inspirar a las personas a hacerlo. Tiene que dar un ejemplo, eso es cierto, pero no es él quien lo hace todo. Puede atraer a otros para compartir la carga, para atrapar la carga. Puede impartir su carga a otras personas y inspirarlas a unirse a la obra de Dios. Esto es el liderazgo espiritual.

Esto no es algo que puedas fabricar. Esto no es algo que puedas arreglar. Esto es algo que tiene que salir de la visión y la carga. Esto es algo que tiene que venir de Dios. Y cuando Dios levante líderes así, que puedan compartir Su carga y puedan guiar a las personas unidas para la obra de Dios, damos gracias a Dios. Ahí tienes el liderazgo. Esto es muy necesario para la construcción de la ciudad, es decir, la vida del pueblo de Dios juntos. Entonces, a través del liderazgo espiritual de Nehemías, la gente se levantó y comenzó a construir.

7—Sección por Sección

Nehemías 3:1-3— Entonces se levantó el sumo sacerdote Eliasib con sus hermanos los sacerdotes, y edificaron la puerta de las Ovejas. Ellos arreglaron y levantaron sus puertas hasta la torre de Hamea, y edificaron hasta la torre de Hananeel. Junto a ella edificaron los varones de Jericó, y luego edificó Zacur hijo de Imri. Los hijos de Senaa edificaron la puerta del Pescado; ellos la enmaderaron, y levantaron sus puertas, con sus cerraduras y sus cerrojos.

El tercer capítulo de Nehemías es probablemente un capítulo que se omitirá en su lectura. Todo el capítulo te dice cómo tal persona y sus hermanos se levantaron y construyeron una sección del muro, de aquí para allá. Y luego, otra persona y su familia continuó construyendo otra sección, y así sucesivamente. Todo el capítulo es así. Cada vez que veas este tipo de capítulo en la Biblia, es probable que tengas la tentación de omitirlo. Parece demasiado monótono. Pero hermanos y hermanas, si leen detenidamente, el tercer capítulo de Nehemías, entenderán cómo se hace el trabajo. Es importante saber que el trabajo debe ser hecho, pero es igualmente necesario saber cómo se hace.

El muro de Jerusalén debe ser construido, pero ¿cómo se va a construir? Cada sección del muro debe construirse junto con las demás. El pueblo de Dios debe ser edificado juntos. No debemos ser dispersados. Tampoco debemos ser piedras apiladas juntas. Tenemos que estar unidos y sermos construidos juntos en una pared. La construcción del muro no es un trabajo realizado por una persona o incluso por unos pocos. Es una obra que tiene que hacer todo el pueblo de Dios.

Para que yo pueda ser edificado junto a ti, necesito que edifiques conmigo. No es una acción unilateral. En otras palabras, las personas de Dios que han compartido la carga y la visión deben unirse para construir el muro de Jerusalén, el testimonio de Dios. Todos tienen una sección para construir. Y todas estas secciones están unidas. Todas las brechas en la pared están siendo reparadas.

Notemos algunos aspectos de las personas mencionadas en Nehemías 3.

Entonces se levantó el sumo sacerdote Eliasib con sus hermanos los sacerdotes, y edificaron la puerta de las Ovejas. Ellos arreglaron y levantaron sus puertas hasta la torre de Hamea, y edificaron hasta la torre de Hananeel ... Después de él restauraron los sacerdotes, los varones de la llanura ... Desde la puerta de los Caballos restauraron los sacerdotes, cada uno enfrente de su casa (vv. 1,22,28).

Algunos de los que estaban construyendo y reparando eran sacerdotes, y incluso el sumo sacerdote estaba entre ellos. Normalmente, el trabajo de un sacerdote y el sumo sacerdote no incluye ningún sudor. Cuando sirven en el santuario, se les ordenó no usar nada hecho de lana. ¿Por qué? Para que no suden (véase Levítico 6:10, Ezequiel 44: 17-18).

Cuando venimos a servir a Dios en el templo no debe haber sudoración, nada de la carne, ni siquiera el celo de la carne. Debe haber una quietud, una espera en el Señor. La energía del Espíritu se caracteriza por la ropa de lino, no por la lana, porque la lana te hará sudar. Pero aquí, al construir el muro, encontramos al sumo sacerdote, que normalmente se presentaría ante Dios en una obra tan santa, ahora tiene sus manos en la construcción del muro, haciendo un trabajo sucio y duro.

Junto a ellos restauró Uziel hijo de Harhaía, de los plateros (v. 8a).

Algunos eran orfebres. Estaban acostumbrados a hacer trabajos muy delicados con las manos. Los orfebres normalmente no pueden construir algo como una pared de ladrillos. Su trabajo es muy pequeño y delicado. Sin embargo, cuando se trata de construir el muro, esas manos delicadas trabajaron con argamasa y piedras.

...junto al cual restauró también Hananías, hijo de un perfumero. Así dejaron reparada a Jerusalén hasta el muro ancho (v. 8b).

Algunos eran perfumistas. Deben haber tenido un sentido del olfato muy agudo para ser perfumistas.

Y ahora estaban rodeados de todo el polvo y la suciedad en la construcción del muro. No importa cuáles fueran sus ocupaciones, se unieron en la construcción del muro.

Creo que aquí también hay una lección para nosotros. En la providencia de Dios podemos tener ocupaciones diferentes. Algunas pueden ser amas de casa, otras pueden trabajar en la oficina o algunas pueden estar en la escuela. Nuestras ocupaciones terrenales pueden ser todas diferentes.

Pero hay una obra en la que trabajamos juntos: la construcción del muro de Jerusalén: el testimonio de Jesús en la iglesia. Y no importa cuál sea nuestra ocupación hoy, estamos juntos para restaurar la vida del pueblo de Dios como un cuerpo, como una ciudad. Todos nos unimos a la obra que el Señor está haciendo para construir su iglesia (Mateo 16:18).

Junto a ellos restauró Salum hijo de Halohes, gobernador de la mitad de la región de Jerusalén, él con sus hijas (v. 12).

Por lo general, dice tal y tal y sus hermanos o hijos trabajaron en ello. Pero en este caso dice, él y sus hijas. No tenía hijos pero tenía hijas, y las hijas estaban construyendo junto con él. Ya sean hijos o hijas, todos están trabajando para la construcción del muro.

A todos se les dio una sección, y todas estas secciones eran diferentes. Algunos estaban construyendo probablemente una sección recta, y eso fue más fácil. Algunos estaban construyendo las esquinas, lo que era más difícil. Tenían que ser reforzados. Fue más trabajo.

Algunos estaban construyendo en las colinas, colinas ascendentes, y eso fue difícil. Algunos estaban construyendo en los valles. Al construir el muro tenía colinas y valles, líneas rectas y esquinas. Era una variedad de trabajo, y sin embargo, todos recibieron una sección de Dios. Gracias a Dios, todos construyeron en sus secciones.

Este mismo principio se aplica hoy a nuestro trabajo en el muro, por su testimonio. Si trabaja en la pared para estar en el valle, no puede negarse a hacerlo simplemente porque desea el trabajo de las colinas. El trabajo está de acuerdo con lo que Dios ha decidido para cada uno de nosotros. De acuerdo con Su soberanía, cada uno de nosotros tiene una sección para construir. Si no somos fieles en esa sección, habrá una violación.

Malquías hijo de Harim y Hasub hijo de Pahat-moab restauraron otro tramo, y la torre de los Hornos ... Junto a él restauró Ezer hijo de Jesúa, gobernador de Mizpa, otro tramo frente a la subida de la armería de la esquina. Después de él Baruc hijo de Zabai con todo fervor restauró otro tramo, desde la esquina hasta la puerta de la casa de Eliasib sumo sacerdote. Tras él restauró Meremot hijo de Urías hijo de Cos otro tramo, desde la entrada de la casa de Eliasib hasta el extremo de la casa de Eliasib ... Después de él restauró Binúi hijo de Henadad otro tramo, desde la casa de Azarías hasta el ángulo entrante del muro, y hasta la esquina ... Después de ellos restauraron los tecoítas otro tramo, enfrente de la gran torre que sobresale, hasta el muro de Ofel ... Tras él, Hananías hijo de Selemías y Hanún hijo sexto de Salaf **restauraron otro tramo** (vv. 11, 19-21, 24, 27, 30a, énfasis agregado).

¿Sabemos que Dios se da cuenta de todo? En siete ocasiones repararon un segundo tramo, u otra sección. En Romanos 12 se nos dice que sirvamos de acuerdo con la proporción de fe, ya que Dios nos ha dado fe a cada uno de nosotros, y él nos ha dado una medida a cada uno (vv. 3-6). Pablo también dijo: no voy más allá de mi medida. Cada uno tiene una medida, no podemos hacerlo todo. Pero se nos da una medida y, según la porción de fe, seamos fieles en el cumplimiento de nuestra parte. Parece que en siete ocasiones algunos grupos repararon una segunda sección. En otras palabras, si somos fieles a lo que Dios nos ha dado, Dios ampliará nuestra medida. Se nos puede dar una segunda sección.

Estos fueron muy fieles. No sólo estaban cumpliendo con su deber, pensando que mientras cumplieran con su deber eso era suficiente. También aplicaron sus corazones con tanta diligencia en la obra, que Dios consideró apropiado darles otra sección. Oh, que el Señor nos haga tan fieles que se nos de "otra sección".

E inmediato a ellos restauraron los tecoítas; pero sus grandes no se prestaron para ayudar a la obra de su Señor ... Después de ellos restauraron los tecoítas otro tramo, enfrente de la gran torre que sobresale, hasta el muro de Ofel (vv. 5,27).

En el caso de los nobles de los tecoítas no pusieron sus 'cuellos' en el trabajo. En otras palabras, se les dio algo que hacer, pero los nobles de los tecoítas pensaron que el trabajo era un trabajo sucio, por debajo de su dignidad. Entonces se negaron a poner "sus cuellos al trabajo". Pero gracias a Dios, el resto de los tecoítas no siguieron el ejemplo de sus nobles. Ellos, los plebeyos, pusieron sus 'cuellos' en el trabajo; y lo hicieron tan bien que les dieron una segunda pieza para trabajar.

Después de él Baruc hijo de Zabai con todo fervor restauró otro tramo, desde la esquina hasta la puerta de la casa de Eliasib sumo sacerdote (v. 20).

Dios observa todo. En el caso de Baruch, hijo de Zabai, dijo que hizo el trabajo con seriedad. Dios se da cuenta de cómo hacemos el trabajo para reparar otra sección de la pared.

Entonces, hermanos y hermanas, en todo este capítulo de Nehemías, puedo señalar algunos puntos, pero todo el capítulo está lleno de aplicación espiritual. La vida del pueblo de Dios, como un solo cuerpo, como habitantes de una ciudad, necesita ser restaurada. pero durante la restauración de esta vida, todos tienen que construir de acuerdo con su porción de fe. Si somos fieles, se repararán las brechas y, finalmente, se completará el muro. Entonces, durante nuestra reunión en su nombre, el testimonio de Jesús será restaurado.

8—Velad y Orad

Nehemías 4:9— Entonces oramos a nuestro Dios, y por causa de ellos pusimos guarda contra ellos de día y de noche ...

Marcos 14:38— Velad y orad, para que no entréis en tentación; el espíritu a la verdad está dispuesto, pero la carne es débil.

En el proceso de construcción del muro, la Biblia dice que Jerusalén será construida "en tiempos difíciles" (Daniel 9:25). En otras palabras, no tuvieron un tiempo fácil o pacífico para hacer su trabajo. Fueron impugnados desde el principio hasta el final, mientras construían.

Cuando oyó Sanbalat que nosotros edificábamos el muro, se enojó y se enfureció en gran manera, e hizo escarnio de los judíos. Y habló delante de sus hermanos y del ejército de Samaria, y dijo: ¿Qué hacen estos débiles judíos? ¿Se les permitirá volver a ofrecer sus sacrificios? ¿Acabarán en un día? ¿Resucitarán de los montones del polvo las piedras que fueron quemadas? Y estaba junto a él Tobías amonita, el cual dijo: Lo que ellos edifican del muro de piedra, si subiere una zorra lo derribará   (Nehemías 4: 1-3).

Cuando Sanbalat, el Horonita, y Tobías, el esclavo, el Amonita, y Gesem, el Arabe, oyeron que el remanente que había escapado estaba construyendo el muro, se burlaron. Lo primero del enemigo es burlarse. Ellos rieron. Ellos dijeron: ¿Qué están haciendo? Estas pocas personas, ¿Intentan construir un muro? ¿Quieren rebelarse contra el rey? ¡Oh, incluso si construyen un muro, cuando suban los zorros a la cima, todo el muro se caerá.

Oye, oh Dios nuestro, que somos objeto de su menosprecio, y vuelve el baldón de ellos sobre su cabeza, y entrégalos por despojo en la tierra de su cautiverio. No cubras su iniquidad, ni su pecado sea borrado delante de ti, porque se airaron contra los que edificaban. Edificamos, pues, el muro, y toda la muralla fue terminada hasta la mitad de su altura, porque el pueblo tuvo ánimo para trabajar. (vv. 4-6).

Nehemías escuchó su burla, pero no discutió con ellos. Él fue al Señor y le dijo: Ahora Señor, escuchaste lo que dijeron. Y continuó construyendo. Pero los enemigos no tenían parte, ni memorial en Jerusalén (ver 2:20).

Hermanos y hermanas, hoy, si sienten la carga por la edificación del pueblo de Dios como uno solo, escucharán muchas burlas. La gente dirá: Durante 2000 años no se ha logrado nada. ¿Quién eres tú? ¿Usted cree que puede hacerlo? Oh, lo que has hecho, incluso los zorros no pueden soportarlo, o todo se derrumbará y terminará en nada. ¿Vas a escuchar eso? Si escuchas, tus manos se debilitarán. Dejarás de construir. Dirás, es inútil.

Hace unos días, estaba en Columbus, Ohio, compartiendo con algunos creyentes que decían que tenían una visión de la iglesia. Y se habían dedicado a ella, querían comenzar una reunión de la iglesia y construir la iglesia. Eventualmente se desilusionaron. Finalmente, algunos de ellos dijeron: No se puede hacer. Estos creyentes no eran novicios. Habían sido utilizados por Dios en el pasado. Tenían dones y llevaron a muchos a Cristo. Y, sin embargo, cuando estos hombres de Dios se unieron para buscar el rostro del Señor, algunos de ellos dijeron: No hay remedio. No hay nada que hacer. El pueblo de Dios continuará dividido. Es simplemente imposible. Esta es la burla de la carne.

Nehemías no los escuchó, no discutió con ellos. Él solo fue al Señor y le pidió al Señor que fortaleciera sus manos. Entonces continuaron. Construyeron hasta que se llenaron todas las brechas, y el muro tenía la mitad de su altura total.

Pero aconteció que oyendo Sanbalat y Tobías, y los árabes, los amonitas y los de Asdod, que los muros de Jerusalén eran reparados, porque ya los portillos comenzaban a ser cerrados, se encolerizaron mucho; y conspiraron todos a una para venir a atacar a Jerusalén y hacerle daño. ... Y nuestros enemigos dijeron: No sepan, ni vean, hasta que entremos en medio de ellos y los matemos, y hagamos cesar la obra. Pero sucedió que cuando venían los judíos que habitaban entre ellos, nos decían hasta diez veces: De todos los lugares de donde volviereis, ellos caerán sobre vosotros ... (vv. 7-8, 11-12).

Y cuando los enemigos de los judíos se enteraron de esto, se enojaron, realmente se enojaron. ¿Que hicieron? Dijeron: "Iremos y atacaremos. Mataremos a la gente para que el muro no se complete." En ese momento, muy poco del remanente de los judíos vivían en Jerusalén. La mayoría de ellos estaban dispersos en los pueblos y ciudades cercanas. Estaban cerca de estos enemigos y escucharon rumores. Entonces, diez veces esas personas que vivían en las áreas suburbanas enviaron mensajes a Nehemías diciendo: ¡Tenemos que parar! No podemos hacer esto. ¡Los enemigos van a atacar a Jerusalén!

Entonces por las partes bajas del lugar, detrás del muro, y en los sitios abiertos, puse al pueblo por familias, con sus espadas, con sus lanzas y con sus arcos. Después miré, y me levanté y dije a los nobles y a los oficiales, y al resto del pueblo: No temáis delante de ellos; acordaos del Señor, grande y temible, y pelead por vuestros hermanos, por vuestros hijos y por vuestras hijas, por vuestras mujeres y por vuestras casas. (vv. 13-14).

Entonces, Nehemías reunió a la gente y dijo: "Protejamoslo. Luchemos por el Señor." Y cuando el enemigo escuchó que no abandonarían la construcción de ese muro, abandonaron su ataque.

Y a partir de ese momento, la mitad de mis sirvientes trabajaron en la edificación, y la otra mitad de ellos sostuvo las lanzas, y los escudos, y los arcos, y los corazas; y los capitanes estaban detrás de toda la casa de

Judá. Los que construyeron en la pared y los que llevaban cargas, con una mano trabajaban en la obra y con la otra tenían un arma (vv. 16-17).

A partir de ese momento, quienes trabajaban sostenían en una mano una lanza y en la otra la carga del trabajo de construcción. Los que trabajaban ceñían sus espadas a los lados (v. 18). La mitad de los sirvientes de Nehemías trabajaban con sus manos y la otra mitad sostenía las lanzas, escudos y arcos esperando y listos para pelear. En otras palabras, estuvieron trabajando y vigilantes. Durante todo el tiempo de construcción del muro, Nehemías y sus sirvientes nunca se quitaron sus vestimentas (v. 23). Siempre estuvieron listos.

Hermanos y hermanas, reconstruir el muro es una tarea difícil. ¿Cómo puede construir el pueblo de Dios juntos? Con los ataques de los enemigos que vienen de todos lados para debilitar nuestras manos, debemos construir con una mano en la pared y con la otra en la lanza.

En otras palabras, una batalla espiritual se lleva a cabo todo el tiempo, cada momento. Si no estamos atentos a la oración, los enemigos atacarán y nos matarán. El Señor dijo: "Velad y orad" (Mateo 26:41, Lucas 21:36). Este no es el momento para que nos quitemos las prendas y descansemos. Este no es el momento para que nos quitemos toda la armadura de Dios (Efesios 6:11). Una vez que la iglesia toma toda la armadura de Dios, la Iglesia no puede quitársela hasta que la batalla haya sido ganada, hasta que el Señor regrese. En el tiempo de Nehemías, por causa de su fidelidad para velar y orar, el trabajo continuó.

9—Ataques Desde Dentro

Hechos 20:30—Y de vosotros mismos se levantarán hombres que hablen cosas perversas para arrastrar tras sí a los discípulos.

Los ataques de los enemigos del pueblo de Dios no fueron el único problema. Los siguientes ataques vinieron de áreas inesperadas. Esperaríamos que Sanbalat el moabita, Tobías el amonita, Geshem el árabe y el ejército de Samaria atacaran. Pero un ataque más sutil vino de los hermanos, el remanente mismo.

Entonces hubo gran clamor del pueblo y de sus mujeres contra sus hermanos judíos. Había quien decía: Nosotros, nuestros hijos y nuestras hijas, somos muchos; por tanto, hemos pedido prestado grano para comer y vivir. Y había quienes decían: Hemos empeñado nuestras tierras, nuestras viñas y nuestras casas, para comprar grano, a causa del hambre. Y había quienes decían: Hemos tomado prestado dinero para el tributo del rey, sobre nuestras tierras y viñas. Ahora bien, nuestra carne es como la carne de nuestros hermanos, nuestros hijos como sus hijos; y he aquí que nosotros dimos nuestros hijos y nuestras hijas a servidumbre, y algunas de nuestras hijas lo están ya, y no tenemos posibilidad de rescatarlas, porque nuestras tierras y nuestras viñas son de otros (Nehemías 5: 1-5).

Durante este tiempo, los impuestos del rey eran tan pesados para la gente. Para conseguir maíz para comer y sobrevivir, algunos tenían que ceder su campo a los hermanos más ricos quienes les cobraban un alto interés-usura. Algunos incluso tuvieron que vender a sus hijas e hijos para ser esclavos de sus hermanos.

Recuerde, ellos habían regresado y estaban allí para el testimonio de Dios, y sin embargo, incluso en medio de ellos, los nobles y los más ricos comenzaron a oprimir a sus propios hermanos. Incluso tomaron a los hijos e hijas de los pobres como esclavos. Por supuesto, los murmullos comenzaron a surgir. La gente dijo: "¡No podemos vivir más! Hemos vendido a nuestras hijas. Hemos vendido a nuestros hijos para conseguir cereales. Hemos vendido nuestros campos. Trabajamos para nuestros hermanos. No tenemos dinero para redimirlos."

Y me enojé en gran manera cuando oí su clamor y estas palabras. Entonces lo medité, y reprendí a los nobles y a los oficiales, y les dije: ¿Exigís interés cada uno a vuestros hermanos? Y convoqué contra ellos una gran asamblea, y les dije: Nosotros según nuestras posibilidades rescatamos a nuestros hermanos judíos que habían sido vendidos a las naciones; ¿y vosotros vendéis aun a vuestros hermanos, y serán vendidos a nosotros? Y callaron, pues no tuvieron qué responder (vv. 6-8).

Y cuando Nehemías escuchó esto, se sintió realmente herido y entristecido. Reunió a la gente y dijo: "¿Cómo pueden hacer esto?" Devuelvan lo que han tomado. Somos hermanos. No podemos exigir usura a nuestros propios hermanos. ¿Dónde está nuestro testimonio?" Si esta situación no se corrigiera, no podrían terminar el muro. La gente estaba dividida y unos contra otros.

Y dijeron: Lo devolveremos, y nada les demandaremos; haremos así como tú dices. Entonces convoqué a los sacerdotes, y les hice jurar que harían conforme a esto. Además sacudí mi vestido, y dije: Así sacuda Dios de su casa y de su trabajo a todo hombre que no cumpliere esto, y así sea sacudido y vacío. Y respondió toda la congregación: !Amén! y alabaron a Jehová. Y el pueblo hizo conforme a esto (vv. 12-13).

Gracias a Dios, por su gracia los que exigieron la usura respondieron y dijeron: "Estamos dispuestos a devolver todo". Y la gente se regocijó ante Dios.

Oh, hermanos y hermanas, ¿ven cómo es esto? Normalmente esperamos que ataques vengan de afuera, pero a veces hay algo más sutil: el ataque desde dentro. Incluso aquellos que trabajan juntos experimentaron división. A veces, un hermano oprime a otro hermano. Otras veces habrá una falta de preocupación y amor por los demás.

Hermanos y hermanas, si el Señor nos ha unido para construir el muro, pero insistimos en nuestros derechos, habrá división. Incluso si es nuestro derecho como lo fue con Nehemías, no nos regimos por nuestros derechos, nos regimos por el amor. Pablo dijo: "No uso mis derechos. Tengo derecho, pero no lo uso" (ver 1 Corintios 9:18). Cuando aprendemos a amarnos los unos a los otros, en lugar de insistir en nuestros derechos, podremos edificarnos juntos.

Gracias a Dios superaron este problema. En cincuenta y dos días, se completó el muro (Nehemías 6:15). Estos cincuenta y dos días fueron casi como cincuenta y dos años. Pero gracias a Dios se hizo.

Queridos hermanos y hermanas, creo que no importa cuán difícil sea, no importa cuán problemático sea nuestro tiempo, si esto es lo que Dios quiere, que su pueblo viva en unidad, esto se hará. Pero requiere mucho amor, mucha paciencia, mucha fe y mucha fidelidad. Espero que esto nos anime.

Nuestro Padre Celestial, es el deseo de tu corazón que la vida de tu pueblo, entre todos, sea edificada para que podamos ser un testimonio de tu nombre. Señor, tú conoces la condición de tu pueblo. Señor, te alabamos porque has ejercitado muchos corazones en esta área. Pero Señor, el conflicto es grande; los enemigos son muchos, y hay mucha debilidad en nosotros. Señor, ¿se puede hacer? ¿se terminará? Oramos para que levantes corazones como Nehemías, que volvió su rostro hacia Jerusalén, su corazón sobre ti, su mano sobre tu obra, y no se rindió, no se rindió hasta que se hizo. Anímanos hoy con tu palabra y haznos avanzar en la reconstrucción del muro de Jerusalén. Y a Ti sea la alabanza y el honor y la gloria, por los siglos de los siglos. Amén

10—La Dedicación del Muro

Nehemías 12:27— Para la dedicación del muro de Jerusalén, buscaron a los levitas de todos sus lugares para traerlos a Jerusalén, para hacer la dedicación y la fiesta con alabanzas y con cánticos, con címbalos, salterios y cítaras.

Hemos estado compartiendo sobre la reconstrucción del muro de Jerusalén. No sólo mencionamos que nuestra vida junto con Dios debe ser restaurada al lugar que le corresponde, sino que nuestra vida como hermanos, unos con otros, también debe ser restaurada. Y estos dos lados de la restauración se caracterizan por la reconstrucción del templo y la reconstrucción del muro.

Cuando las personas viven juntas detrás de un muro, cuando las personas viven juntas en una ciudad, tenemos una imagen de los hermanos que viven juntos en una ciudad, tenemos una imagen de los hermanos que viven juntos en unidad. Eso se convertirá en un testimonio real para el mundo.

Los primeros seis capítulos del libro de Nehemías tratan de la construcción del muro. El muro fue terminado durante "tiempos turbulentos" y tomó cincuenta y dos días. No fue fácil reconstruir el muro. Cuando estaban reconstruyendo el muro, los ataques llegaron de todos lados. Los enemigos no eran sólo de fuera, sino también de la gente de dentro. Nehemías estaba bajo presión, asaltos y acusaciones de todo tipo. Incluso hubo falsos profetas y profetisas que profetizaban contra Nehemías. Sin embargo, Nehemías sabía lo que Dios estaba haciendo y la mano del Señor estaba con él y con el pueblo. Así que finalmente, en cincuenta y dos días, se terminó el muro.

Pero es extraño decir que después de que se terminó el muro, Nehemías no dedicó inmediatamente el muro a Dios. Si se termina un muro, pensaríamos que sin duda lo siguiente que haría sería la dedicación. Pero no, el muro estaba terminado, sin embargo, había más que hacer en él y dentro de él. En cierto sentido, el muro es un testimonio público exterior. Si ese testimonio público puede mantenerse o no, o cuán firme y bueno es ese testimonio, todo depende de la vida dentro del muro. En otras palabras, la vida detrás del muro es la fuerza del muro. El estilo de vida dentro de la pared. En otras palabras, la vida detrás del muro es la fuerza del muro.

Si el estilo de vida dentro del muro es débil, tarde o temprano, ese muro no se mantendrá. Y esto ya lo habían aprendido. El muro de Jerusalén estaba en ruinas, completamente destruido. ¿Por qué? Una vez hubo un muro allí, pero fue completamente destruido porque la gente que habitaba dentro había sido infiel a Dios. Entonces, a menos que la vida dentro del muro sea fortalecida, el testimonio del muro no continuará.

A veces, en un momento de avivamiento, en un momento de gran despertar, en un momento de descanso o incluso un momento de opresión o persecución, el pueblo de Dios puede unirse y levantarse como uno. Es extraño decirlo, ves una unidad allí. Pero a menos que esto se establezca, fortalezca, arraigue, no durará mucho. Entonces, después de que se completó el muro, Nehemías supo que la vida dentro del muro debía fortalecerse. Si la vida dentro del muro no se fortaleciera, el muro que fue reconstruido podría no permanecer en pie. De hecho, Nehemías probablemente dedicó más tiempo a fortalecer la vida dentro del muro que a construir el muro. Podría haberle tomado sólo cincuenta y dos días reconstruir el muro, pero le tomó mucho más tiempo fortalecer la vida dentro del muro.

Cuán cierto es esto hoy. Necesitamos estar unidos. Necesitamos estar unidos como uno solo. Necesitamos ser construidos juntos como un muro sin brechas. Pero hermanos y hermanas, esto no es solo en el momento de avivamiento o refrigerio, sino en todo momento.

Permítanme darles un ejemplo de unidad sin muro. Una vez al año, cristianos de todo el mundo solían asistir a una conferencia en un pequeño pueblo de Inglaterra-Keswick. Era durante la segunda semana de julio. Se llamaba la Convención de Keswick. Siempre tuvieron los mejores oradores que se podían encontrar en cualquier generación. Se instaló una gran carpa para las reuniones. Detrás de la plataforma, el letrero decía: "Todos uno en Cristo Jesús". La gente venía de todo tipo de orígenes diferentes, pero cuando se reunían, cuando escuchaban la palabra juntos, todos tenían la sensación de que eran un solo pueblo. Gracias a Dios por eso.

Pero cuando salieron de la gran tienda a caminar por las calles, vieron casetas. Aquí había un puesto, otro puesto, y cada puesto representaba una denominación o una secta. Cada puesto vendía su literatura. Y mientras estos cristianos iban por la calle, simplemente fueron talados y destruidos. En la tienda tenían la pared, pero fuera de la tienda estaban todas las brechas.

En un tiempo de avivamiento, el pueblo de Dios puede unirse como uno. Y de nuevo digo, bajo persecución también. ¿Pero dura? Entonces, para que este testimonio de la unidad del pueblo de Dios realmente perdure, se debe hacer algo más. La vida dentro del muro debe fortalecerse.

Conociendo esta necesidad de fortalecer la vida dentro del muro, Nehemías dedicó tiempo a trabajar en ello haciendo varias cosas.

1—Fortalecimiento del Muro

Luego que el muro fue edificado, y colocadas las puertas, y fueron señalados porteros y cantores y levitas, mandé a mi hermano Hanani, y a Hananías, jefe de la fortaleza de Jerusalén (porque éste era varón de verdad y temeroso de Dios, más que muchos); y les dije: No se abran las puertas de Jerusalén hasta que caliente el sol; y aunque haya gente allí, cerrad las puertas y atrancadas (Nehemías 7:1-3a).

Porteros Designados

Primero, después de que se construyó el muro, nombró porteros. Si todo el lugar está amurallado sin puertas, ¿sabes qué pasará? Hay separación, si, pero la separación completa es exclusiva. Los muros sin puertas son una prisión. Crea una ciudad muerta sin salida ni entrada. No habrá un aumento en una ciudad muerta. Así que, gracias a Dios, no solo tienes el muro, sino también los portones o puertas.

La pared significa separación, pero la puerta significa entrar y salir. En otras palabras, las puertas representan la comunicación. El muro representa la separación, pero las puertas representan la comunicación.

El Señor Jesús dijo: "Vosotros no sois del mundo" (Juan 15:19). Eso es separación. Pero después de que nos separamos del mundo, el Señor dijo: "Te envié al mundo. Como el Padre me envió a mí, así también yo os envié al mundo " (ver Juan 17:18). No sólo está la pared, también hay puertas. Puedes salir de la ciudad para acercarte al mundo y ponerlos en comunicación. Las personas que deseen entrar siempre son bienvenidas. No hay exclusividad en la confraternidad. Gracias a Dios por eso.

El pueblo de Dios a veces puede estar tan separado que no tiene comunicación alguna con la gente del mundo, o incluso con el pueblo de Dios que está fuera de su reunión. Están amurallados como una prisión. Necesitamos estar separados y, sin embargo, debemos tener comunicación con el mundo, no en el sentido de participar en sus pecados, sino en el sentido de ganarlos para Cristo. Deseamos que se conviertan en nuestros hermanos y hermanas, para el crecimiento de la ciudad.

Y tenemos que estar abiertos a todo el pueblo de Dios, acogerlos para que entren y fortalezcan la vida de la ciudad. Debe haber franqueza en nuestra confraternidad. Debe ser un compañerismo abierto.

En la ciudad no solo hay apertura, puertas abiertas, sino que también hay puertas para cerrar y portones con rejas o candados. A veces que están abiertas, sin rejas, sin puertas, sin cerraduras, ni barras. Es decir, están siempre abiertas, de día y de noche, sin control alguno. No, esto está mal. Debe haber aberturas, pero también debe haber puertas. Nuestra comunicación con el mundo está bajo control.

Se designó a los porteros, y antes de que se pusiera el sol, cerraron la puerta con llave. Y no abrieron las puertas hasta que el sol estuvo tibio. En otras palabras, la comunicación y el compañerismo están sólo en la luz. No puedes comunicarte en la oscuridad. A veces pensamos que debemos tener mucho cuidado para no contaminarnos con el mundo, por lo que no hay puertas, solo paredes. En otras ocasiones, estamos tan abiertos que no hay cerradura y la puerta permanece abierta. "No os engañéis: las malas palabras corrompen las buenas costumbres" (1 Corintios 15:33). Debe haber comunicación, debe haber compañerismo. Pero todo debe estar en la luz, nunca en la oscuridad. Así que Nehemías instaló porteros para que todas las comunicaciones fueran a plena luz del día. No sucedió nada en la oscuridad. Esto fue para mantener la unidad y la fuerza de la ciudad.

Suponga que hoy las puertas espirituales estén abiertas de par en par sin cerraduras. Supongamos que la gente puede venir de día y de noche. Diluiría la vida de la ciudad. Se corrompería la vida de la iglesia. "¿No sabéis que un poco de levadura leuda toda la masa?" (1Corintios 5:6b). A veces pensamos que deberíamos ser tan abiertos, tan amorosos, sin control ni disciplina en la iglesia. Creemos que es una democracia. No, para mantener la vida de la ciudad, para mantener la vida del pueblo de Dios como testimonio, la disciplina es necesaria. Dios levantará personas que asumirán la responsabilidad espiritual de ver que las puertas se cierren cuando el sol se pone y se abren cuando el sol está caliente. Estos "porteros" tienen discernimiento, coraje e integridad. Estarán con el Señor. A veces se les acusará de ser estrechos, demasiado estrictos y poco cariñosos. Pero hermanos y hermanas, Dios debe levantar porteros para las puertas del muro. Esto es muy necesario.

Guardias Designados

...Y señalé guardas de los moradores de Jerusalén, cada cual en su turno, y cada uno delante de su casa (Nehemías 7:3b).

Aparte de los porteros designados, cada familia nombraría a uno para vigilar durante la noche la sección del muro "enfrente de su casa". ¿Por qué? Los enemigos pueden trepar por la pared. Bajo la sombra de la oscuridad, podrían escalar el muro y entrar para perturbar la paz de la ciudad.

Cada hermano y cada hermana de la iglesia tiene la responsabilidad de estar en guardia. Dios no solo levantará quién, en cierto sentido, protegerá las puertas, sino que cada hermano y hermana es responsable. Somos responsables unos de otros de ver que no haya maldad en nuestra comunión o comunicación. ¡Qué responsabilidad! A menos que conozcamos la disciplina, a menos que conozcamos la responsabilidad, nuestra vida juntos como una unidad no está realmente construida.

Los Levitas y los Cantores Nombrados

Luego que el muro fue edificado, y colocadas las puertas, y fueron señalados porteros y cantores y levitas (7:1).

Es muy extraño que en el momento en que Nehemías nombró porteros, ¡también nombró a los levitas y a los cantores! Podemos pensar: "Por supuesto, necesitas porteros para la pared". Es verdad. Pero, ¿por qué nombró a los levitas y a los cantores al mismo tiempo?

Nuestra vida hacia el mundo necesita a los porteros, pero nuestra vida ante el Señor necesita a los levitas y a los cantores. ¡Esa es una vida dentro de la ciudad! Estamos siendo construidos juntos en un solo cuerpo. ¿Por qué? Para que podamos presentar sacrificios espirituales aceptables a Dios a través de Jesucristo, eso es servicio levítico. Debemos ofrecer alabanza y adoración a Dios, esto es lo que hacen los cantores.

La palabra de Cristo more en abundancia en vosotros, enseñándoos y exhortándoos unos a otros en toda sabiduría, cantando con gracia en vuestros corazones al Señor con salmos e himnos y cánticos espirituales (Colosenses 3:16).

... antes bien sed llenos del Espíritu, hablando entre vosotros con salmos, con himnos y cánticos espirituales, cantando y alabando al Señor en vuestros corazones (Efesios 5:18b-19).

Adoración. La adoración se lleva a cabo detrás de la pared. El pueblo de Dios es un pueblo que adora. A menos que sepamos adorar a Dios, a menos que sepamos cómo servir como sacerdotes, la vida de la ciudad está vacía. A veces, las personas pueden estar muy atentas a proteger las puertas, pero no son muy diligentes a la hora de alabar y servir al Señor. Estas dos cosas deben estar equilibradas, deben estar muy equilibradas.

Entonces, esto es lo primero que debe hacer para fortalecer la vida dentro del muro.

2—Amor por la Palabra de Dios

Y se juntó todo el pueblo como un solo hombre en la plaza que está delante de la puerta de las Aguas, y dijeron a Esdras el escriba que trajese el libro de la ley de Moisés, la cual Jehová había dado a Israel. Y el sacerdote Esdras trajo la ley delante de la congregación, así de hombres como de mujeres y de todos los que podían entender, el primer día del mes séptimo. Y leyó en el libro delante de la plaza que está delante de la puerta de las Aguas, desde el alba hasta el mediodía, en presencia de hombres y mujeres y de todos los que podían entender; y los oídos de todo el pueblo estaban atentos al libro de la ley (Nehemías 8:1-3).

Lo segundo que hicieron para fortalecer la vida dentro de la ciudad fue restaurar el amor por la palabra de Dios. En el séptimo mes, todos los hijos de Israel se reunieron como un sólo hombre y pidieron que el escriba Esdras les leyera el libro de la ley.

Esdras era escriba. Era muy versado en la ley. Estudió derecho. Y era su carga volver a Jerusalén para enseñar la ley al pueblo. Él mismo estudió la ley. Él mismo guardaba la ley y quería enseñar al pueblo para que también guardara la ley. Esa fue su carga al regresar a Jerusalén, esa fue su parte. Pero ahora vemos que la iniciativa vino de la gente. No fue Esdras quien los reunió diciendo: "Escuchen, les voy a leer la ley. Te voy a enseñar la ley". No. En cambio, la gente se unió y le preguntó a Esdras: "Léanos el libro". Queremos oírlo".

Para fortalecer la vida conjunta del pueblo de Dios, debe haber amor por la palabra de Dios. Puede que haya un avivamiento, puede que haya un descanso, puede que ocurra una gran elevación, pero si no se fortalece con el amor por la palabra de Dios, todo eso pronto pasará.

La gente tenía un gran amor por la palabra de Dios. Ellos lo pidieron. Nadie tuvo que imponerles la palabra; lo pidieron. Entonces se reunieron todos en ese espacio abierto junto a la puerta del Agua, y Esdras les leyó la palabra.

¡Qué reverencia tenían por la palabra de Dios! Cuando Esdras abrió el libro de la ley, todo el pueblo se puso de pie, hombres y mujeres y los que podían entender. Escucharon atentamente desde la mañana hasta el mediodía. No estaban cansados de la palabra de Dios.

No sólo escuchaban, sino que entendían y respondían. Cuando la gente escuchó la palabra de Dios, lloró. Vieron que habían desobedecido a Dios, que habían pecado contra Dios, y por eso se arrepintieron ante Dios. Y finalmente, hicieron un pacto con Dios de que cumplirían su palabra.

¡Oh, hermanos y hermanas, para que la vida de la ciudad, para que la vida del pueblo de Dios en común se fortalezca realmente, debe haber amor por la palabra de Dios! Debe haber lectura de la palabra de Dios. Debe haber un escuchar atento a la palabra de Dios. Debe haber el cumplimiento de la palabra de Dios. Debe haber un pacto con Dios según Su palabra. Y cuando estas cosas suceden, la vida de la ciudad, la vida del pueblo de Dios en común, se fortalece. Ahora hay sustancia en la ciudad.

3—Ofrendas Regulares Voluntarias

Nos impusimos además por ley, el cargo de contribuir cada año con la tercera parte de un siclo para la obra de la casa de nuestro Dios ... Porque a las cámaras del tesoro han de llevar los hijos de Israel y los hijos de Leví la ofrenda del grano, del vino y del aceite; y allí estarán los utensilios del santuario, y los sacerdotes que ministran, los porteros y los cantores; y no abandonaremos la casa de nuestro Dios (Nehemías 10:32,39).

Y luego hubo una tercera cosa que hicieron para fortalecer la vida de la ciudad de Jerusalén. Hicieron ordenanzas para sí mismos de que todos darían un tercio de un ciclo anual a la casa del Señor para proveer todos los sacrificios y las ofrendas. Además, hicieron una ordenanza para ellos mismos que se turnarían para llevar a la casa la ofrenda de leña.

No se encuentran estas ordenanzas en la ley Mosaica. Había muchas ordenanzas en la ley Mosaica; los hijos de Israel deben llevar el diezmo a Dios, los hijos de Israel deben llevar las primicias a Dios, y así sucesivamente. En la Ley Mosaica, había muchas ordenanzas, pero aquí encuentras que la gente amaba tanto a Dios, amaba tanto su casa, que más allá de lo que Dios había ordenado, se sometieron a sí mismos voluntariamente.

¡Ah, hermanos y hermanas, qué actitud! ¡Cuán a menudo tememos a los mandamientos de Dios!

Porque mandamiento tras mandamiento, mandato sobre mandato, renglón tras renglón, línea sobre línea, un poquito allí, otro poquito allá (Isaías 28:10).

Vemos que es línea por línea, y aquí un poco y allá un poco, ¡y ya sentimos que suma demasiado! Pero esta gente amaba tanto a Dios que dijeron: "Después de que Dios nos haya ordenado todas las cosas, agreguemos algo más". Dios no les ordenó que cada persona diera un tercio de un ciclo anual. Ellos mismos se impusieron esa ordenanza.

Es cierto que en el templo necesitas la leña para que el fuego del altar no se apague. Pero el Señor nunca mencionó cómo se iba a recolectar la leña. Entonces hicieron una ofrenda de leña. Sí, llevaban la leña al templo para que no se apagara el fuego.

Hermanos y hermanas, ¡qué amor tenían por Dios y por su casa! Esto fue voluntario. A veces la gente me pregunta: "Hermano, ¿deberíamos darle una ofrenda al Señor como los hijos de Israel?" ¿Deberíamos dar una décima parte de todos nuestros ingresos?" Y luego algunos otros agregaron, `ah, hermanos y hermanas, incluso los hijos de Israel, en la Ley Mosaica, en realidad tenían que ofrecer dos décimas partes. Aparte de su diezmo, tenían ofrenda, por lo que equivalía a dos décimas, no solo a una décima parte. Eso estaba bajo la ley. ¿Entonces, qué debemos hacer?'

Esto no es una mera cuestión de cosas materiales. No me refiero al diezmo ni a las dos décimas. Me refiero al espíritu de dar. Oh, que lO amemos tanto que no haya espíritu de regateo entre nosotros. Si el Señor nos capacita para darle más de nosotros mismos y todo lo que tenemos, eso es nuestro honor, nuestro privilegio, nuestra gloria. Él se lo merece. Esta es la actitud que deberíamos tener. No es en la cantidad de nuestros ingresos que encontramos nuestra manera de dar. De ningún modo. Es en el espíritu de una ofrenda de amor. ¿Lo amamos? ¿Amamos su casa? Si lo hacemos, no contaremos el costo. El espíritu de la gente en la época de Nehemías era este.

Realmente amaban al Señor y realmente se entregaban al Señor, sin contar el costo. Hermanos y hermanas, el muro fue realmente reforzado. Eso es lo que pasó detrás del muro.

En nuestro tiempo, es la realidad de nuestra vida juntos, la realidad de nuestro amor por él, nuestro amor por su casa, lo que realmente fortalecerá el testimonio de Jesús.

4—Viviendo Dentro de la Ciudad

Habitaron los jefes del pueblo en Jerusalén; mas el resto del pueblo echó suertes para traer uno de cada diez para que morase en Jerusalén, ciudad santa, y las otras nueve partes en las otras ciudades. Y bendijo el pueblo a todos los varones que voluntariamente se ofrecieron para morar en Jerusalén (Nehemías 11: 1-2).

La cuarta cosa que hicieron para fortalecer la vida de la ciudad fue mudarse a vivir dentro de los muros. La ciudad era grande, la muralla estaba construida, pero los habitantes de la ciudad eran pocos. Para aumentar la vida de la ciudad, todos los nobles fueron trasladados a la ciudad y vivieron allí. Luego, algunas personas se ofrecieron como voluntarias: "Nos mudaremos a la ciudad y viviremos allí para aumentar los habitantes de la ciudad. Aumentar la vida de la ciudad ". Y luego echaron suertes y uno de cada diez se mudaría a la ciudad para aumentar el número de habitantes en la ciudad. A medida que aumentaba la gente en la ciudad, la vida de la ciudad también aumentaba, fue la forma en que lo hicieron. ¿Qué pasa si tienen una ciudad amurallada y no hay gente viviendo allí? Sería una ciudad vacía. Entonces, se mudaron.

¿Qué representa esto? En el pasado, mudarse a la ciudad y vivir allí era un gran honor porque el templo estaba allí. Pero en ese momento, mudarse a la ciudad para vivir también era una penuria. No sólo fue difícil, sino muy peligroso. ¿Por qué? Porque Jerusalén era el objetivo de sus enemigos. No sabían cuándo lo atacarían los enemigos. Pero por el amor de Dios, por el fortalecimiento de la ciudad, los nobles dieron un buen ejemplo, se mudaron allí. Luego se mudaron los voluntarios y luego echaron suertes para que otros se mudaran allí.

Hermanos y hermanas, ¿les gusta vivir en la ciudad? ¿O prefiere vivir fuera de la ciudad y de vez en cuando venir a ella y entonces volver a su propia villa? Hablo de esto como una metáfora y no quiero que nos mudamos juntos físicamente. No quiero decir que todos deban mudarse juntos y vivir en una casa. No, no estoy defendiendo eso. Es el sentido espiritual de esto lo que queremos.

¿A cuántos del pueblo de Dios les gustaría mantener su independencia? Les gusta tener sus propias vidas y de vez en cuando vienen a las reuniones de la iglesia de visita. Y después de una breve visita, regresan. Realmente nunca se construyen junto con sus hermanos y hermanas. Mantienen una posición vagamente relacionada.

¿Estamos dispuestos a mudarnos a la ciudad y estar juntos? ¿Construir juntos? ¿Sabemos cuánto implica? Oh, si vivimos a distancia, podemos permitirnos ser muy amables el uno con el otro. Pero si todos estamos en la misma ciudad detrás del mismo muro, nos frotaremos unos contra otros. A veces esto es difícil. ¿Prefieres ser más un visitante que un habitante? Donde quiera que vayas, tienes muchos visitantes. A veces, me duele el corazón. A veces veo a mucha gente que viene y, sin embargo, son sólo visitantes, no habitantes.

Cuando tienes una conferencia, cuando tienes un orador especial, todos vienen. Pero cuando la conferencia termina, cuando el orador se va, ellos también se van cada uno a su lugar. Algunos del pueblo de Dios no viven en la ciudad de Jerusalén; no están construidos y entretejidos.

Necesitamos que algunas personas den ejemplo. Necesitamos que algunos que no tengan miedo de vivir juntos en la ciudad, se construyan juntos. Necesitamos a aquellos que estén dispuestos a llevar la cruz. También necesitamos voluntarios. No son forzados, pero al ver el testimonio del Señor Jesús, están dispuestos a mudarse a la ciudad y habitar con sus hermanos y hermanas.

Por supuesto, hoy no echamos suertes. Esa es la forma del Antiguo Testamento. Echaron suertes y creyeron que Dios elegiría los correctos. En el Nuevo Testamento, esto significa que el Espíritu Santo dentro de nosotros nos guiará. A medida que el espíritu nos guíe, vayamos a la ciudad, detrás del muro, y edifiquemos juntos una vida juntos en Cristo.

Naturalmente, esto fortaleció la vida de la ciudad de Jerusalén en la época de Nehemías. La ciudad tenía gente ahora. Acababan de construir el muro, y si no había nadie adentro o lo que había adentro era muy débil y vacío, entonces todo sería superficial. Sería simplemente una apariencia exterior sin sustancia. No duraría mucho como ciudad. Por lo tanto, para fortalecer la vida dentro del muro, tenían que vivir dentro de la ciudad. Para que el muro tenga sustancia y realmente represente algo, debe haber gente dentro de la ciudad. Nehemías pasó bastante tiempo haciendo todas estas cosas para fortalecer la vida de la ciudad antes de la dedicación del muro.

La Dedicación del Muro

Para la dedicación del muro de Jerusalén, buscaron a los levitas de todos sus lugares para traerlos a Jerusalén, para hacer la dedicación y la fiesta con alabanzas y con cánticos, con címbalos, salterios y cítaras...

Y sacrificaron aquel día numerosas víctimas, y se regocijaron, porque Dios los había recreado con grande contentamiento; se alegraron también las mujeres y los niños; y el alborozo de Jerusalén fue oído desde lejos (Nehemías 12:27, 43).

Queridos hermanos y hermanas, ¡cuánto necesitamos ser edificados juntos! Toma tiempo. No se desanime; sea paciente. Con paciencia y fe, heredamos las promesas de Dios (Hebreos 6:12). Después de que se cumplieron todas estas cosas para fortalecer la vida dentro de la ciudad, Nehemías dedicó el muro a Dios.

Sabes, este muro no fue construido sólo para la protección del pueblo de Dios. Este muro fue construido para la gloria de Dios, para el testimonio de Dios. Entonces, después de que todo estuvo hecho, fue dedicado a Dios: "Señor, lo has hecho, y es para ti". Nada era para ellos mismos. Y esta debería ser nuestra actitud. Después de que todo esté hecho, recuerde, es para Su gloria. Es para el testimonio de Jesús, no para nuestro testimonio. No, todo es obra de Dios, y toda la gloria es para él. El muro y todo son para su gloria. Ésta es la actitud correcta.

Si por la gracia de Dios, se construye el muro -la vida del pueblo de Dios juntos-, recuerde, no hay nada de qué jactarse en el hombre. Todo está dedicado al testimonio de Jesús para que se le vea, se le escuche y se crea en él. Espero que en nuestra comunión sobre este libro de Nehemías, tengamos este fin a la vista. Hermanos y hermanas, siento en el fondo un deseo. ¡Oh, que el pueblo de Dios realmente sea edificado juntamente para el testimonio de Jesús y para la gloria de Dios!

Oh Señor, restaura nuestra vida contigo y entre nosotros como pueblo. Oramos para que no solo tengamos un testimonio externo, sino que pueda haber una realidad interior de nuestra vida juntos ante Ti. Señor, fortalece. Señor, establece. Señor, construye. Y todo es para tu gloria. Te lo pedimos en tu nombre. Amén.